Familien-Reiseführer
TENERIFFA

Teneriffa

*Wunderbarer Lavastrand beherrscht
Teneriffas Strände*

Teneriffa für Eltern und Kinder

Kinderfreundliche Badeplätze

Zehn Touren, die allen Spaß machen

Typische Bauernhäuschen in der Felsenwelt des Teno-Gebirges

Nasser Wasserspaß pur für Groß und Klein im Siam Park

Was Sie wissen sollten

Diese Zeichen und Symbole begleiten Sie durch das ganze Buch und geben Ihnen besondere Informationen:

Die Mini-Karte von Teneriffa mit dem dicken roten, grünen oder blauen Punkt zeigt Ihnen auf einen Blick, an welchem Ort sich die jeweilige Adresse befindet.

Infos zur Region oder spezielle Empfehlungen für die Eltern gibt's in den grünen Kästen.

In den orangefarbenen Kästen stehen tolle Tipps oder Geschichten für Kinder.

Regionale kulinarische Genüsse oder ein Restaurant, in dem auch Ihre Kinder auf ihre Kosten kommen, finden Sie in den blauen Kästen.

Unser Autor Gottfried Aigner ist ausgezeichnet: Sein Familien-Reiseführer Italienische Adria wurde von ENIT, dem italienischen Fremdenverkehrsverband, bereits mit dem Preis für den besten deutschsprachigen Italien-Reiseführer bedacht. Der engagierte Großvater besucht die Kanarischen Inseln seit mehr als dreißig Jahren. Teneriffa wurde seine Lieblingsinsel. Es ist die Vielfalt der Natur, die Botanik des Nordens, die Vulkanlandschaft rund um den Teide, die er immer wieder auf Wanderungen genießt und in seinem neuesten Reiseführer Eltern und Kindern nahebringen möchte.

Teneriffa entdecken

Das klingt wie ein Märchen: Nur vier Stunden dauert der Flug auf eine Insel, auf der es immer warm ist, auch im Winter und die kilometerlange Strände mit feinem Sand und sanftem Einstieg hat. Auf ihren nördlichem Teil wachsen Wälder, blühen Blumen und gedeihen unbekannte Bäume wie der geheimnisvolle Drachenbaum – und das gegenüber der kargen, baumlosen Sahara. Eine Insel, wo atlantische Winde Surfer locken, Küsten mit starker Brandung Wasserspaß für Bodysurfer und Wellenreiter bieten!

Teneriffa, die Trauminsel, auf der man auf Wanderwegen umhertollen kann ohne Angst vor wilden oder giftigen Tieren, keine Schlangen, keine Skorpione.

Erlebnisreiche Landschaften warten auf Naturfreunde, tiefe Schluchten oder Hirtenwege durch Lavawüsten und auf Vulkanberge. Viele Attraktionen begeistern Erwachsene und Kinder, Tiergehege mit Haifischen und Gorillas, mit Papageien und Seelöwen, andere mit Riesenrutschen und Wasserfällen, Reiten auf Kamelen oder freche Äffchen füttern. Der **Teide** ist ein kleines Wunder, ein im Inneren noch brodelnder Vulkan, Mittelpunkt eines Eilands, das vor zehn Millionen Jahren aus dem Meer emporgestiegen ist. Mitten im Atlantik steht er und ist doch der höchste Berg ganz Spaniens, denn die kanarischen Inseln sind spanisches Territorium. Doch wer mit auf der Insel geborenen **Tinerfeños** ins

In den Cañadas zu Füßen des Teide gedeiht eine spezielle Hochgebirgsflora

Gespräch kommt, sollte es vermeiden, sie vorschnell als Spanier zu bezeichnen. Die Kanarischen Inseln haben ihre eigene Geschichte und endlich die Autonomie und eine spezielle Inselregierung. In den Adern der Tinerfeños fließt noch immer das Blut der Urbevölkerung, der **Guanchen**. Von ihrer Kultur erzählen bronzene Guanchenfürsten und Pyramiden im Osten. Wettspiele der Guanchen werden bei vielen bunten Festen gepflegt, selbst in den kleinsten Dörfern am Ende der Welt. Erreichbar mit einem Bus-Service, der unübertroffen ist. Wer will, könnte den ganzen Urlaub lang auf das Auto verzichten.

Schon beim Anflug über den Atlantik wird deutlich, dass es sich um eine Insel der besonderen Art handelt. Ab der nordafrikanischen Küste entdecken die Passagiere unter dem Flugzeug ein südwärts strebendes Wolkenband. Dort wo die Passatwolken auf halber Höhe auf die Insel stoßen, reckt sich über ihnen der im Winter mit Schnee bedeckte Vulkankegel Teide in den Himmel. Die meisten Urlaubsflieger landen auf dem Flughafen Süd, wo die Gäste von Wolken und Bergspitze nichts mehr sehen. Was ist hier Abenteuerliches passiert? Der grüne Kasten (s. rechts) gibt Antwort.

Aus dem Meer geboren

Die dramatische Geburt Teneriffas: Vor zehn Millionen Jahren tauchen Anaga, Teno und das Bergmassiv bei Adeje aus dem Ozean auf. Vor drei Millionen Jahren erhebt sich in der Mitte des Dreiecks ein gigantischer Vulkan und verschmilzt mit den drei Urinseln. Aus Seitenschloten quillt glühende Lava. Dann bleibt der Nachschub aus, das Dach bricht unter

Die „Wolkenmelker" bei der Arbeit

Teneriffas Geheimnis der dicken Wolke, die aus Nordafrika kommt: Im Norden der Insel gibt die Passatwolke bei zirka 1.000 Meter ihren feuchten Inhalt ab und kondensiert an den dunklen, vulkanischen Felsen, an den langen Nadeln der Kanarenkiefer, die deshalb „Wolkenmelker" genannt wird. Es ist feucht, es grünt und blüht. In der Mitte trennt die Bergwelt der Cañadas mit dem Vulkankönig Teide die Insel und verhindert die Weiterreise des Gewölks. Mit dem Klimawandel pirschen sich die Passatwolken allerdings immer häufiger gen Süden und verfinstern ab und zu den Himmel. Doch bislang ist der südliche Teil trocken und vorwiegend braun. Die grünen Tupfer, die Felder der Bauern, müssen mühsam bewässert werden.

seinem eigenen Gewicht zusammen und große Teile schieben sich meerwärts. Vor etwa 500.000 Jahren steigt der Druck unter der Erdkruste wieder, die Magma quetscht aus dem Krater zwei Vulkane heraus: den Pico Viejo und den Rambleta, den „Vater" des Teide. Seine Spitze explodiert, es entsteht eine kleine Caldera. Dieser eingefallene Vulkankegel öffnete sich noch einmal, ein neuer Vulkan steigt empor, die 200 Meter hohe Spitze des Teide, Pico genannt.

Vulkane und tiefe Schluchten

Das Zentrum der Insel, die **Cañadas** mit den Bergspitzen des Teide (3.718 Meter) und des Guajara (2.717 Meter), ist aus allen Himmelsrichtungen bequem zu erreichen (s. Tour 8, S. 69). Die beiden Inselflanken im Westen und Osten, Bindeglieder zwischen Nord und Süd, bieten ebenfalls Sehenswürdigkeiten. Im Westen ist die Landschaft Anziehungspunkt Nummer eins: die Küste mit steilen Klippen wie die riesigen Felswände von Los Gigantes. Aus den Bergen entspringen kleine Bäche und graben sich ihren Weg durch die Schluchten (Barrancos) zum Meer. Der Osten ist geprägt durch eine eher karge Landschaft. Landwirtschaftlich genutzte Terrassenfelder beherrschen das Bild. Zeugnisse der kanarischen Urbevölkerung sind zu bestaunen – die Stufenpyramiden der Guanchen in Güímar.

Dichte Wälder und sonnige Strände

Üppige Vegetation in abwechslungsreicher Landschaft macht den Reiz des Nordens von Teneriffa aus. Der Nebelwald mit dichtem, fast dschungelartigem Bewuchs geht in Trockenflächen über mit Sukkulenten – Wasser speichernden Pflanzen. Enge Straßen winden sich in schwindelerregende Höhen des Anaga-Gebirges und führen zu spektakulären Ausblicken. Die Küste ist schroff, meist steil abfallend und bietet wenig Platz für Sandstrände. Dennoch liegt hier Teneriffas schönster Strand, die von Menschenhand geschaffene, weiße Playa de las Teresitas. Im Südwesten und Süden wiederum prägen Strände in allen Farbschattierungen die Küstenlandschaft. Hier ist das Mekka der Sonnenanbeter und Badeurlauber.

Teneriffas schönster Strand: die weiße Playa de las Teresitas

Was Eltern wissen sollten

Elternsorge im Urlaub: gute Luft und sauberes Wasser

Um die Wasserqualität brauchen sich Eltern und Großeltern auf Teneriffa keine Sorgen zu machen. Der bewegte Atlantik bringt immer wieder frisches Wasser in Strandnähe. Bei starkem Sturm, vor allem im Winter, kann das Meer trüb werden durch Sand und Erde, was allerdings die Wasserqualität nicht negativ beeinflusst.

Der dichte Verkehr in den größeren Städten führt zu erhöhten Schadstoffemissionen. Ein Blick in die Statistik: 5.000 Autos gab es 1969 auf der Insel, heute zählt man über 600.000 zugelassene Fahrzeuge. Aber im Vergleich mit Mitteleuropa ist alles noch im grünen Bereich. Der Smog wird durch die Atlantikwinde schnell verteilt. Vorsorglich sollten Urlauberfamilien sowieso nur in Fußgängerzonen umherstreifen.

Auch Sonnenträume haben dunkle Flecken

Verlockend sind die Werbetexte für Teneriffa vom „ewigen Frühling" und dem „ganzjährigen Badeziel". Doch das stimmt so nicht für die ganze Insel. Um Enttäuschungen zu vermeiden, müssen Urlaubsplaner klimatische Einschränkungen ins Kalkül ziehen. Der immerwährende Frühling – die ausgeglichenen, milden Temperaturen – sind gute Voraussetzungen für Wanderer und für Familienurlauber, die gern am Strand spazieren gehen oder auf Ausflügen die Geheimnisse der attraktiven Insel enthüllen wollen.

Badevergnügen das ganze Jahr über gibt es im Hotelpool

Doch Badefreude das ganze Jahr über gibt es nur, wenn man sich mit dem Hotelpool und dem Sonnenbad am Strand begnügt. Wer jedoch im Meer schwimmen will, sollte wissen, dass im Winter – sei es im Norden, im Westen oder im Süden – die durch starke Winde entstehenden hohen Wellen und gefährliche Unterströmungen das Baden im Ozean vielfach unmöglich machen. Sehr oft muss dann die rote Flagge gehisst werden. Hinzu kommt die Wassertemperatur: Von Januar bis Mai werden zwischen 18 und 19 Grad erreicht. Richtig schön warm (21-23 Grad) ist das Meer nur von Juli bis November.

Beim Thema Klima muss man prinzipiell zwischen dem Norden, der bergigen Mitte und dem Süden unterscheiden. Der Kanarenstrom und die Passatwinde schaffen günstige Voraussetzungen für ein fruchtbares Klima im Norden, entsprechend muss mit Regen gerechnet werden. Im trockenen Süden haben Urlauber größere Chancen auf Sonne.

Achtung, Sonnenbrand

Ernst zu nehmende gesundheitliche Gefahren birgt der übertrieben lange Aufenthalt in der Sonne, der Verzicht auf Kopf- und Nackenschutz, auf ein Hemdchen für die kleinen Badefans oder auf Sonnencreme. Sollte trotz solcher Vorsichtsmaßnahmen starker Sonnenbrand oder gar ein Sonnenstich die Urlaubsfreude stören, kann man auf eine gute ärztliche Versorgung vertrauen. An der Hotelrezeption oder im Touristen-Informationsamt gibt es Adressen der bewährten Kliniken und Ärzteteams.

Das Kind geht in den Club

Wer sich im Urlaub etwas intensiver um die Partnerschaft kümmern möchte, ist sicher froh, wenn die kleinen Racker ihren eigenen Club besuchen können. Auf der Insel gibt es viele Hotels und Apartmentanlagen mit Betreuung durch geschulte Erzieher. Zehn davon haben wir geprüft und ausgewählt (s. Gut zu wissen, Unterkünfte, S. 111).
In solchen Unterkünften sind auch die richtigen Möbel für die jungen Urlauber vorhanden, für die ganz Kleinen auch Kinderstühle. Die gibt es übrigens auch immer mehr in auf Familien eingestellten Restaurants. Ins Restaurant mit Kindern? Im Hotel mit Miniclub kann nie-

Warm anziehen in der Bergwelt der Cañadas

Es ist wunderbar zu sehen, mit wie viel Begeisterung und Kraft schon Sechsjährige das Vulkangebiet der Cañadas erwandern. Verführt von den milden Temperaturen am Strand gibt es allerdings gerade seitens der Kinder oft Quengeleien. Warum bloß warme Sachen einpacken? Fakt ist: Oben sind die Temperaturen niedriger, bei Izaña (Observatorium) von November bis Mai liegen sie lediglich bei acht bis elf Grad, von Juni bis Oktober bei zwölf bis 15 Grad. In den Cañadas pfeift ein kühler Wind. Und im Winter schneit es manchmal sogar so stark, dass die Einfahrt in die Bergwelt gesperrt werden muss. Leichte Blusen und Hemden, Shorts und Sandalen müssen unten bleiben. Eingepackt werden Windjacke, Pullover, festes Schuhwerk, lange Hosen und eine Kopfbedeckung.

mand auf die temperamentvolle Bande sauer sein, abgesehen davon, dass es für sie manchmal extra Speisezimmer gibt. Doch auch in Restaurants oder bei Einladungen ist es selbstverständlich, dass Kinder mitgebracht werden. Die Großen müssen auch nicht gleich maßregeln, wenn ein Glas umkippt oder die kleinen Neugierigen einen Spaziergang durch das Lokal unternehmen. Die Tinerfeños nehmen das mit ihrer südländischen Gelassenheit schmunzelnd hin.

Essen & Trinken

Die traditionelle Küche

Im Laufe der Jahrzehnte, gefördert durch das Interesse neugieriger Urlauber, haben sich viele Köche an Rezepte erinnert, die lange Zeit nur in der Küche der Mütter und Großmütter gepflegt wurden. Im Zuge dieser Renaissance kam eine schon den Guanchen bekannte, kalorienreiche Würze auf den Tisch: Gofio, ein Mehl aus vor dem Mahlen geröstetem Weizen, Gerste und Mais (s. Kasten S. 14).

Runzlige Erdäpfel mit scharfer Soße

Die nächste Köstlichkeit sind **Papas arrugadas con mojo**, auf spezielle Weise zubereitete Kartoffeln. Sie werden mit der Schale gegessen und in eine köstliche, pikante Soße (Mojo) getunkt, die in jedem Restaurant anders schmeckt. Die Kartoffeln werden auf kleiner Flamme in Salzwasser (früher in Meerwasser) gekocht. Wenn das Wasser verdampft ist,

Besonders lecker schmecken die Papas arrugadas mit Salzkruste und Mojo-Soße

sind sie schön schrumpelig und mit einer Salzkruste überzogen (s. Kasten). Paprikaschoten, viele Knoblauchzehen, klein geschnittene rote Peperoni, grobes Meersalz, Essig und Öl sind die Basis der roten Mojo-Soße, der manchmal sehr scharfen Mojo picòn. Der Mojo verde oder Mojo de Cilantro werden Petersilie oder Koriander beigefügt, der Mojo colorado oder Mojo picón Safran, zerstoßener Kümmel und scharfe Peperoni.

Kaninchen und Zicklein nach Kanaren-Art

Conejo, ein Gericht mit Kaninchenfleisch, mögen manche Kinder nicht. Also wegggucken, Pasta oder Hähnchen bestellen. Je nach Vorliebe gibt es Conejo en salmorejo, Conejo en salsa de pimiento, Conejo en salsa borracha etc. Immer handelt es sich dabei um eine Marinade aus verschiedenen Gewürzen, in der das Fleisch über Nacht eingelegt wurde. Dann wird das Kaninchen im Tontopf über Holzkohle geschmort. Beim Salmorejo enthält die Marinade Knoblauch, Petersilie, Thymian, Oregano, Paprika, Salz, Pfeffer, Essig und Öl. Noch ein Gericht, bei dem viele junge Esser die Nase hochziehen: **Cabrito en adobo** ist Fleisch von junger Ziege, eingelegt in Wein mit Knoblauch und Kräutern, dann im Backofen geschmort. Aber den Erwachsenen schmeckt's!

Fantasia in Puchero

Der **Puchero Canario**, der kanarische Eintopf, zeigt die Fantasie des Koches oder der Köchin. Die aufwendigste Variante enthält sieben Fleischsorten (mindestens Rind, Hammel, Schwein und Huhn), die zusammen mit Zwiebeln, Möhren, Tomaten, Kichererbsen und Salz gekocht werden. Dann wird die Brühe abgeseiht, um in ihr ganz nach Belieben weiterzugaren: Maiskolben, Bohnen, Weißkohl, Kürbis, Süßkartoffeln. Gewürzt wird mit im Mörser zerdrücktem Knoblauch, Nelken, Pfeffer und Öl. Je nach Rezept kommen noch Kartoffeln hinzu, Safran und Chorizo – die spanische Paprikawurst. In manchen Restaurants wird Gofio (s. Kasten S. 14) oder Salat zum Eintopf gereicht.

Frischer Fisch

Man muss Einheimische fragen oder gut informierte Reiseleiter, um die Adressen der empfehlenswerten Fischrestaurants zu erfahren, jener, die wirklich fangfrischen Fisch servieren und nicht die billigere Tiefkühlware. Thunfisch gibt es fast überall, Haifisch schon seltener. Ein Glückstreffer ist, einen kanarischen Karpfen (Vieja) serviert zu bekommen.

Kartoffeln: die Schönen und die Schwarzen

Beinahe einem Kult gleich kommt bei kanarischen Köchen die Behandlung der Kartoffel. Mehr als 30 Sorten soll es auf den Inseln geben. Eigenwillige Köche schwören auf die Bonitas und die Negras, die Schönen und die Schwarzen. Im Gegensatz zum spanischen Festland, wo die Kartoffel Patata heißt (aus der Sprache Haitis), sagt man auf den Kanaren zur Knollenfrucht Papa, ein Wort aus der Ketschuasprache der Inkas.

Frischer Fisch steht auf jeder Speisekarte auf Teneriffa

Seezunge (Lenguado), Buckelkopfbrasse (Sama) und Seehecht (Merluza) stehen oft auf der Karte, häufig auch Garnelen oder Calamares, nur manchmal der deftige kanarische Fischtopf, die Cazuela de Pescado, auch Sancocho genannt. Bei der luxuriösen Variante gehört Bacalao, gesalzener Stockfisch, dazu und die südamerikanische Batata (Süßkartoffel). Bei der Zubereitung von frischem Fisch gilt das Motto der Marktfrauen: „Un buen pescado no necesito ayuda!" (guter Fisch braucht keine Unterstützung). Feinschmecker schätzen auch zu Hause die einfache Zubereitung: Fisch mit einem Kräuterzweig füllen, in dünnem Eierteig wälzen und ausbacken, danach etwas Zitrone darüberträufeln. Oder so: salzen, auf ein Zwiebelbett legen, etwas Zitronensaft und Olivenöl dazugeben,

Weißwein hinzufügen und vorsichtig in der Röhre backen.

Durchgesetzt: köstlicher Teneriffa-Tropfen

Wein in Restaurants und Geschäften stammt häufig vom spanischen Festland. Den spanischen Rioja empfinden viele Kellner noch als sicherste Empfehlung. Zu Unrecht: Wein aus Teneriffa hat inzwischen einen sehr guten Ruf erlangt und die Auswahl köstlicher Tropfen aus Tacoronte, Tegueste, La Orotava, Icod de los Vinos oder Arico ist enorm. Weinfreunde bevorzugen die jungen Teneriffa-Weine, sie sind leicht und bekömmlich. Eine Empfehlung zu Fisch ist z.B. der weiße **Viña Flores** aus Tacoronte-Acentejo, zu Fleisch passt der acht Monate in Barrique gelagerte Crianza

Es muss nicht exotisch sein: Auch Bekanntes steht oft auf dem Speiseplan

Viña Flores. Für die Kinder gibt es alle gängigen Getränke von Mineralwasser bis zu süßer Zitronenlimonade, oft auch frisch gepresste, gesunde Säfte aus tropischen Früchten.

Achtung Kids: Schmeckt mir gut

Das lukullische Mahl wird mit einem typisch kanarischen Postre, dem Nachtisch abgeschlossen. Spitze aller süßen Leckereien ist der **Bienmesabe**, auf Deutsch: „Schmeckt-mir-gut". Die Herstellung ist recht aufwendig: Zerhackte Mandeln werden in frisch gekochten Zuckersirup gegeben, dazu kommen Honig, Ei, Zitrone und Feigenmus, alles verdünnt mit Milch und Eiweiß. Auch lecker: **Quessillo** (Eiermilchpudding in Karamelsoße) oder **Flan de Platano al Caramelo** (Pudding mit Bananen und Karamelsoße).

Wer weniger auf Süßes steht, lässt sich die Käseplatte bringen. Der Reichtum an kanarischen Käsesorten ist überraschend. Die Tradition der Käserei pflegten schon die Guanchen, die Ziegen und Schafe hielten. Kenner schätzen das spezielle Aroma: rein, leicht säuerlich und etwas salzig. Übrigens: Ein Laib Käse als Mitbringsel erhält die Freundschaft.

Gofio, Kraftfutter für Schmächtlinge

Gofio besteht aus getrocknetem, geröstetem und gemahlenem Getreide. Ursprünglich war es eine Mischung aus Roggen und Wurzeln des Farnkrauts. Später wurde Gerste der Grundbestandteil, danach mischte man auch mit Weizen oder Mais.

Gofio sättigt enorm, und die Tinerfeños glauben noch an eine andere Kraft des malzig schmeckenden Mehles: „Gofio gibt uns die Kraft, die uns die Frauen nehmen." Es ist ratsam, am Anfang nur einen Teelöffel voll zu probieren. Die Canarios machen mit Brühe gern eine dicke Pampe daraus. Wer das nicht gewohnt ist, schafft oft das Hauptgericht nicht mehr. Umgekehrt: Soll ein junger Essensverweigerer in der Familie einmal ordentlich „gemästet" werden, kann Gofio der richtige Weg sein.

KINDERFREUNDLICHE BADEPLÄTZE

Kinderfreundliche Badeplätze

Fantasievolle Poollandschaft in Puerto de la Cruz an der Costa Martiánez

Von blond bis tief schwarz

Noch vor wenigen Jahren gab es im Norden Teneriffas kaum Badestrände, die fanden Urlauber nur im Süden. Doch der Norden war fleißig und hat in den letzten Jahren viele künstliche Badeufer geschaffen. Hellsandig „blond" ist nur der Teresitas-Strand nordöstlich von Santa Cruz – der Sand wurde extra aus der Sahara geholt. Viele der anderen Strände sind tiefschwarz, wie Playa Jardin in Puerto de la Cruz, San Marcos bei Icod oder Las Arenas in Santiago del Teide. Die hintereinanderliegenden Strandabschnitte im Süden haben gemischte Beläge, der Sand ist mal braun, mal grau. „Blond" zeigt sich nur das Kunstufer von Bahía del Duque, hell auch der von Los Cristianos. Achtung: Auf den Landkarten sind rund um die Insel viele „Playas" mit Sonnenschirmen aufgeführt. Das täuscht, denn Playa heißt im Spanischen

einfach Bucht. In den meisten Fällen sind das nur kleine Plätze mitten im Vulkangestein, die nicht immer zum Baden einladen.

Wogender Wellengang im Winter

Mitten im bewegten Atlantik gelegen, branden die Wellen unablässig gegen Teneriffas Ufer. Dort, wo sie das Baden gefährden, wurden Molen gebaut, sodass nur die sanften Ausläufer der Wogen die Badeplätze erreichen. Im Winter allerdings, wenn es draußen auf dem Meer des Öfteren heftig stürmt, kann es schon sein, dass – vor allem an der Westküste – das Schwimmen nicht mehr erlaubt ist. Dann wird die rote Flagge zur Warnung gehisst, und es bleibt nur das Sonnenbad.

Sicherheit mit kleinen Kindern

Erfreulich für Eltern und Großeltern: Der Einstieg an fast allen Stränden ist flach, also gut geeignet für Kinder. Und alle Badeplätze am Meer (ausgenommen die fantastische, künstlich geschaffene Costa Martiánez, s. S. 24) sind frei zugänglich und kosten keinen Eintritt. Ein sicheres Gefühl durch die ordentlichen sanitären Anlagen, regelmäßige Pflege, sauberes Wasser sowie Beachtung der Umwelt geben Strände, die mit der Blauen Europa Flagge ausgezeichnet wurden. Dieses Prädikat muss jedes Jahr neu errungen werden.

Die wichtigsten Strände, von der Nordost-Ecke im Uhrzeigersinn:

Las Teresitas, super für Kinder

Die **Playa de las Teresitas**, Teneriffas schönster Strand, ist künstlich angelegt, anderthalb Kilometer lang, hundert Meter breit, mit feinem, weißen Sand, Palmen und Strandweinbäumen, die Schatten spenden. Dusche, WC, Umkleidekabinen und Kiosks sind vorhanden. Vorgelagerte Molen schützen vor Wellengang, der Einstieg ist flach, ideal für Kinder. Zudem scheint in dieser Ecke mehr als anderswo im Norden die Sonne. Der Strand ist nur während der Woche empfehlenswert, nicht am Wochenende, dann ist alles überfüllt.

Anfahrt: 7 km nordöstlich Santa Cruz im Fischerort San Andrés. Ab Santa Cruz Bus Linie 245 und 246, Linie 910 alle 10 Minuten.

Teneriffas wohl schönster Strand ist auch ideal für Familien mit Kindern

Windige Strände von El Medano

Der ständige Wind im Südostteil der Insel, rund um Medano, ist ein Plus für Windsurfer. Für Sonnenanbeter kann er an manchen Tagen lästig sein, und empfindliche Sachen wie Fotokameras sollte man besser gut schützen. Medanos lange Strandstrecke ist sauber, und der flache Einstieg optimal für kleine Kinder. Die Blaue Europa Flagge wurde für die **Grande Playa**, den Stadtstrand, die anschließende, bis zu Montaña Roja reichende **Playa Leocadio Machado** und die hinter der Montaña liegende, traumhafte **Playa de la Tejita** verliehen. Zusammen ergeben sie eine Sandstrandstrecke von etwa drei Kilometern an der einzigen, gut erhaltenen Dünenlandschaft der Westinseln.

Anfahrt: Autobahn Sud, Exit 22, bis zur Stadtmitte. Zur Playa de la Tejita vor dem Ort nach rechts Richtung Los Abrigos.

An den drei Stränden rund um Medano weht oft ein frischer Wind

Bars und Eisdielen im Rücken: Strände von Los Cristianos

In einer windstillen Bucht liegt der helle Stadtstrand, die **Playa de Los Cristianos**, etwa 300 Meter lang, 60 Meter breit. Im Hintergrund halten sich Eisdielen, Bars, Restaurants und Boutiquen, im Vordergrund beeindruckt der Hafen für Fähren und Fischerboote. Entlang der Strände zieht sich die schattige Strandpromenade, die behindertengerecht ausgebaut

Ein paar Schritte weiter nördlich, hinter dem Hafen, liegt einer der schönsten Strände der Insel, die beliebte **Playa de las Vistas**: etwa anderthalb Kilometer lang, 60 Meter breit und überall mit Sonnenschirmen versehen. Der flache Einstieg und die Molen schützen vor heftigem Wellengang und überraschenden Tiefen. Alle Anforderungen der Blauen Europa Flagge sind erfüllt.

Steiniger Las-Américas-Strand

Gleich anschließend folgt die **Playa del Camisón**, etwa 350 Meter lang, bis 40 Meter breit und mit etwas hellerem Sand. Kiosks und Restaurant sowie große Hotelanlagen halten sich im Hintergrund. Strohschirme geben Schatten, die Molen schützen allerdings nicht immer vor stärkerem Wellengang. Viele geben der ganzen südlichen Urlaubsgegend den Namen **Playa de las**

wurde und auch bequem mit dem Kinderwagen passierbar ist. Überall können Schirme, Liegen und Tretboote gemietet werden.
Für Kinder ist der Strand ideal, da das Ufer flach abfällt und überall naturfarbene Sonnenschirme aus Stroh herumstehen. Alle sanitären Anlagen sind vorhanden, und die Strandwache passt auf die Badenden auf. Doch wegen der Hafennähe bekommt diese Playa keine Blaue Europa Flagge. Es müssen also kleine Einbußen bei der Sauberkeit des Wassers eingeplant werden.

Die Strandpromenade in Los Cristianos lockt Leckermäulchen und Ausflügler

Américas. Doch so heißt eigentlich nur das etwa einen Kilometer lange, stark windige Ufer mit großen, schwarzen Steinen. Am südlichen Ende hat das Meer ein paar Sandflecken übrig gelassen, gleich danach tobt das Meer und wirft Wellen ans Ufer. Hier tummeln sich Surfer und Wellenreiter. Ein Stück weiter liegt die windige **Playa Honda** (s. Kasten S. 19).

Anfahrt: Die Unterkünfte liegen größtenteils in der Nähe eines der Strände, sonst gibt es Shuttle-Busse.
Wer von weiter nördlich kommt, nimmt mit dem Auto für Los Cristianos Exit 72, für Las Americas Exit 28 oder fährt mit der Buslinie 111 (ab Santa Cruz) bzw. 473 oder 477 (ab Los Gigantes).

Süße Stücke und Chicken-Wings
*Los Cristianos für den kleinen Hunger ab etwa 11 Uhr: Unbedingt probieren sollte man die Kuchen, Torten, Pralinen bei **El Artesano** (Calle Dulce María Loinaz 5, 2. Nebengasse oberhalb Paseo Marítimo, Tel. 922 79 18 01). Snacks munden bei **Abordo** (Calle Juan Bariajo 6, 1. Nebengasse oberhalb Paseo Marítimo, Tel. 630 18 83 22, Salat ab € 2,50, Chickenwings € 6, Di geschl.). Teurer, aber frisch vom Boot: **Cofradía de Pescadores** (Mole im Hafenbereich, Tel. 600 56 22 49).*

Strände für Kinder bis zum Horizont: Costa Adeje

Große Strandab-
schnitte zieren die
nach Norden führende
Küste. Fast überall wer-
den sie begrenzt von der
Palmenallee, die auch freie
Fahrt für Kinderwagen bietet. Überall
werden Wasserfahrzeuge für Kinder und
jung gebliebene Erwachsene vermietet.

Hier weht die Blaue Europa Flagge

Die ersten Strandabschnitte **Troya I**,
Troya II und **Playa del Bobo** hängen fast
nahtlos aneinander. Die Troya-Strände,
zur allgemeinen Verwirrung auch Americas I und Americas II genannt, erfüllen
die Bedingungen der Blauen Europa
Flagge, die Strohschirme stehen dicht an
dicht. Oberhalb der Strände befinden
sich Liegewiesen mit Palmen und Dra-
chenbäumen. Es folgt die **Playa de las
Cuevitas**, ein Strandabschnitt unter von
Grotten ausgehöhlten Felsen, der allerdings keine Schirme und zwei Buchten
mit Steinplatten für Liebhaber eines harten Bodens oder für Angler bietet. Den
Abschluss bildet die Playa del Bobo mit
einem wenig überlaufenen Strand,
einem Kinderspielplatz und sanitären
Einrichtungen. Der gesamte Abschnitt
ist durch Molen geschützt. Die Wellen

An der Costa Adeje finden sich noch ruhige Buchten: Puertito (siehe Kasten S. 22)

kommen nur ganz sanft ans flache Ufer, Winterstürme allerdings machen sich auch hier bemerkbar.

Kletterburgen hinter dem Puerto Colón

Ein Stück Felsenküste und der Sporthafen Puerto Colón stoppen den Reigen der Strände. Auch die Promenade wird kurz unterbrochen, eine wenig befahrene Straße ist zu überqueren. Es folgen drei wichtige Strände, gesäumt von einer unendlichen Reihe von Bars, Restaurants und Shops mit Kleidung und Badeartikeln. Den Anfang macht die **Playa La Pinta**, vorher Playa de Puerto Colón genannt. Durch die Mauern des benachbarten Jachthafens ist sie vor Wellen gut

Bauverbot im Strandparadies

Kaum zu glauben: Zwischen der ausufernden Costa Adeje und dem Wolkenkratzer-Urlaubsort Playa Paraiso gibt es ein naturgeschütztes Fleckchen: die **Playa del Puertito**. *Von Tuff- und Basaltfelsen eingerahmt, liegt die Bucht mit feinem Sand. Ein paar Schritte weiter gibt es eine zweite Bucht,* **Playa Diego Hernández**. *Zur Gemütlichkeit trägt der Bodegón „***Pepe y Lola***" bei, einfach und gemütlich, mit Fischgerichten und Tapas.*

Anfahrt: *Am nördlichen Ende der Autobahn Süd ein kurzes Stück auf die TF 47 Richtung Armeñine, dann gleich links ab Richtung Bahía Principe Costa Adeje, ehe die Straße in die bunte Ferienanlage nach rechts abbiegt, geradeaus zur Puertito-Bucht.*

Lustige Strohschirme spenden Schatten an den Playas de Fañabè

geschützt. Der Einstieg ist flach, im Wasser befinden sich Kletterburgen und Rutschen zur Freude der jungen Urlauber.

Fañabé fantastisch

Beim nächsten breiten Sandstreifen wurden die **Playa de Torviscas** und die **Playa de Fañabé** zu den Playas de Fañabè zusammengefasst: rund 500 Meter Strandvergnügen mit Paraglidern, Fliegenden Bananen, Jet-Bikes und Pedalbooten. Hier findet man viel Freiraum ohne Schirme, im Rücken Stroh gedeckte Bars und Eisdielen und ein paar Palmen. Durch fünf Molen ist die Bucht ideal wellengeschützt und flach. Eine Hüpfburg, ein Sandspielplatz, Minigolf und Kinder-Bungee vervollständigen das Kinderparadies. Eine Garantie für Sauberkeit bietet die Blaue Europa Flagge, die hier im Wind weht.

Ein Stück Stadtmarsch, eine Runde um den Felsen Las Toscas und die hellsandige **Playa del Duque** ist erreicht: zirka 500 Meter aufgeschütteter Strand – mal schmal, mal breiter, mit Palmen, Bambussonnenschirmen, Cafés und einem exklusiven Restaurant. Der Einstieg ist vorwiegend flach, aber weit raus sollten sich Kinder nicht wagen, da es hier Strömungen gibt. Gleich um die Ecke liegt die **Playa de la Enramada**: schmal, steinig, ungeschützt und etwas ungepflegt. Diese Playa wird wohl erst aufgemotzt, wenn dahinter mehr Hotels entstehen.

Anfahrt: Die Unterkünfte liegen größtenteils in der Nähe eines der Strände, sonst gibt es Shuttle-Busse. Wer von weiter nördlich kommt, nimmt mit dem Auto für die Troya-Strände Exit 29, San Eugenio, für Fañabé/del Duque Exit 31 oder fährt mit der Buslinie 111 (ab Santa Cruz) bzw. 473 oder 477 (ab Los Gigantes).

Auf zur rabenschwarzen Schönheit

Auf dem Weg nach Norden gibt es auf der Karte zwar viele Playas, aber keine wichtigen für Sandstrandfans. Deren Wünsche werden voll in Puerto de Santiago erfüllt, dem mit Los Gigantes verschmolzenen Urlaubsort, mit der rabenschwarzen **Playa de la Arena**. Der Abschnitt ist mit Pflanzen geschmückt, gepflegt, vorbildlich eingerichtet, und die Blaue Europa Flagge flattert schon seit vielen Jahren im Wind. Hier ist auch Schnorcheln möglich, allerdings geht bei schlechtem Wetter recht schnell die rote Fahne hoch – Badeverbot.

Anfahrt: an der Küstenstraße TF 47.

Nichts für kleine Kinder

*Sie haben zwar für Sauberkeit und Einrichtungen die Blaue Europa Flagge bekommen, sind aber eher etwas für waghalsige Schwimmer: **Playa del Socorro**, unterhalb von Los Realejos. Die Bucht ist gepflegt, verfügt über Restaurant und Kiosk. Die ständige Brandung ist eher für Windsurfer gut. Der Name sagt es: Socorro=Hilfe. **La Arena**, bei Tacoronte nahe Mesa del Mar, liegt zwischen einer hohen Felswand und Betonbauten und bietet schwarzen, steinigen Sand. Der Strand ist gut für Spiele, weiter draußen drohen gefährliche Strömungen.*

Lavawannen und Kinderbucht

Auf dem Weg nach Norden herrscht wieder eine Durststrecke für Urlauber, die Sandstrand wünschen. Wenn es allerdings nur um die Erfrischung geht und „Badewannen" im vom Meer umtosten Lavafelsen ausreichen, wäre **Buenavista del Norte** eine Alternative (s. Tour 5, S. 56).

Klein, aber fein bietet sich unterhalb von Icod de los Vinos der Vulkanstrand der **Playa de San Marcos** an. Die schwarze Sandbucht ist bei den Tinerfeños sehr beliebt. Familien schätzen die kleine Playa, weil sie durch Felswände und Molen vor Wind und Wellen weitgehend geschützt wird. Der Einstieg ist flach, Kinder fühlen sich hier pudelwohl. In den Strandrestaurants wird viel frischer Fisch angeboten.

Badefreude pur: Playa Jardín & Costa Martiánez

Das nördliche Ferienzentrum Puerto de la Cruz ist inzwischen ein Badeparadies geworden. Der erste Schlag war die Umwandlung der Felsenküste hinter dem dunklen, gedrungenen Castillo San Felipe. Es entstand die **Playa Jardín**: ein fast einen Kilometer langer, schwarzer, frei zugänglicher Sandstrand unterhalb vom Loro-Parque. Der Künstler und Architekt César Manrique schuf diese Uferlandschaft mit vielen Pflanzen, einem Wasserfall, wunderschönen Terrassen mit Cafeteria und Restaurant sowie einer breiten Promenade bis zum Castillo. Auch die sanitären Einrichtungen sind perfekt, die Blaue Europa Flagge ist wohl verdient.

Am anderen Ende der Stadt hat César Manrique die Badelandschaft Lago Mar-

Schwarzer Lavasand an der Playa Jardín

Unbekümmerten Badespaß verspricht die Poollandschaft der Costa Martiánez

tiánez geschaffen. Daraus wurde jetzt die buchstäblich unübersehbare Poollandschaft **Costa Martiánez**, die größte der Insel. Auf 500 Metern Länge reihen sich sieben Pools verschiedener Größe und Formen hintereinander. Drei Becken gehören den Kindern allein. Drum herum gruppieren sich Palmen, Lavafelsen, Manriques fantasievolle Kunstwerke, Inseln und viele Pflanzen. Aus dem Badebetrieb ist ein Erholungszentrum von höchster Güte geworden, mit Restaurants, Kiosks und Eisdielen. Auch die sanitären Anlagen sind perfekt, Aufsichtspersonal wacht an allen Ecken, für Notfälle gibt es eine eigene Rotkreuzstation. Als stimmungsvolle Begleitmusik rauschen und platschen die Wellen des Atlantiks gegen die Außenmauern der Costa. Und den Spaß gibt es für durchaus faire Preise!

Anfahrt: Playa Jardín von Stadtmitte Puerto de la Cruz den Hinweisen „Loro Parque" folgen. Costa Martiánez, Avenida de Colón 1, Tel. 922 37 13 21, täglich 10-18 Uhr, Eintritt: Erw. € 3,50, Kinder (2-10 J.) € 1,50, Liege € 1,20, Schirm € 1,50.

Augen auf bei den Strandbars

Das Angebot für hungrige Gäste entlang der Strände ist riesig. Hetzen Sie sich nicht, und verlangen Sie immer vorher die Speisekarte, sonst schnellen die Preise in die Höhe. Seriöse Restaurants werben mit ihren Speisekarten an der Meerespromenade.

Ständig frisches Wasser: Piscina Natural Bajamar

Der Urlaubsort **Bajamar** im Nordosten der Insel hatte lange das Flair einer Ferienstation für Pensionäre. Das hat sich mit einem Schlag geändert: Jetzt wird das Städtchen von Familien gestürmt und Kinder genießen ausgelassen die Meeresschwimmbecken. Die zwei großen Becken mit Olympiamaßen werden zwar immer noch von den Atlantikwellen versorgt, doch besteht keine Gefahr mehr, von der Mauer weggeschwemmt zu werden. Für kleinere Kinder wurde ein eigenes Becken gebaut, weit weg vom Wellenbereich. Und mit Raffinesse haben die Architekten sogar ein Stück Sandstrand gewonnen, durch eine hohe Mauer vom Wellengang geschützt. Alle sanitären Anlagen sind vorhanden, und die Badelandschaft gibt es gratis.

Anfahrt: *von Tacoronte über die TF 13 nach Nordosten.*

Vor dem tosenden Meer geschützt: eines der beiden Meeresschwimmbecken

ZEHN TOUREN, DIE ALLEN SPASS MACHEN

Tour 1: Zwei Metropolen auf einen Streich

Santa Cruz • La Laguna

*Wo: Start am Bus-
bahnhof - Wie: zu
Fuß, Straßenbahn -
Dauer: je nach Interes-
se Halbtages- oder
Ganztagestour - Nicht
vergessen: bequeme Straßenschuhe,
Anorak für La Laguna, evtl. Schirm*

Teneriffas Hauptstadt hat lange Zeit nur
verwaltet, Attraktionen für Gäste aber
total vernachlässigt. Das änderte sich in
den letzten Jahren. Vor allem die Chich-
arreros – der Spitzname für die Einwohner von **Santa Cruz** – fingen an zu mur-
ren, denn die Stadt hat keinen Zugang
zum Meer, der ist durch Hafenanlagen
verbaut. Inzwischen ist die an sich architektonisch uninteressante Hauptstadt
mit vielen Sehenswürdigkeiten ausge-

stattet, von Museen mit Aktionen für
Kinder über erholsame Parkanlagen bis
zu ausgedehnten Fußgängerzonen mit
Shoppinghighlights. Die neue Plaza de
España wurde abgesenkt, die Chichar-
reros haben endlich freien Blick zum
Meer. Außerdem gibt es eine schnelle
Anbindung an die alte Hauptstadt, La
Laguna, mit der Straßenbahn. Für beide
Städte gilt: Hände weg vom Steuer, der
Verkehr ist nervig, die Ausschilderung
verwirrend. Lieber mit dem Bus anreisen
(siehe Kasten S. 29)
[Información Turistica, Santa Cruz de
Tenerife, Plaza de España, Kiosk gegenü-
ber Bar Atlántico, Tel. 922 23 95 92,
www.turismosantacruz.com,
www.santacruzmas.com; La Laguna,
Calle La Carrera 1, Tel. 922 63 11 94,
www.aytolalaguna.com].

In Santa Cruz lädt die Plaza de España zum Ausruhen und Durchatmen ein

Bequem mit dem Bus in die Metropolen

Das Mietauto sollten Sie stehen lassen, bequemer und sicherer ist die Anfahrt per Bus. Urlauber aus Puerto de la Cruz haben es mit der Buslinie 103 einfach: Sie fährt zwischen 7 und 21.30 Uhr fast immer halbstündlich nach Santa Cruz, im gleichen Rhythmus zurück. Wer den Ausflug in La Laguna beginnen möchte, nimmt die Linien 101 und 102. Ab dem Urlaubsgebiet Bajamar/Punta del Hidalgo gibt es mit der Linie 105 zwischen 7 und 22 Uhr jede halbe Stunde Verbindungen mit Stopp in La Laguna. Mit dem Süden (Playa de las Americas, Los Cristianos, Costa Adeje) schaffen die Linien 110 und 111 Verbindung mit der Inselhauptstadt: ab 6 Uhr etwa alle 30 Minuten. Zurück in den Süden bis 22.30 Uhr (spätere Fahrten erfragen).

Die einst vom Verkehr umtoste Plaza de España mit ihren etwas zu pompös geratenen Gebäuden (Regierung, Post etc.) hat ein Lifting erhalten: Die Stadt und das Meer wurden wieder zusammengeführt. Der ausladende Hauptplatz, zusammen mit der **Plaza de Candelaria** und bis zur mit Kneipen bestückten Calle Bethencourt wurde zu einer grünen Zone für Fußgänger umgestaltet. Rot blühende Gabun-Tulpenbäume und Jacarandas (Palisander) mit blauen Blüten wechseln sich ab mit Indischen Lorbeer-

bäumen und verschiedenen Palmenarten. Der Hauptverkehr fließt durch Tunnels, mitten auf dem Platz markiert eine 30 Meter hohe Wasserfontäne den 13.000 Quadratmeter großen Salzwassersee mit unterirdischer Verbindung zum Ozean.

Das verschwundene Kastell

Die Mauerreste des während des Faschismus überbauten Kastells, daher der Name **Calle Castillo**, befinden sich in einer unterirdischen Galerie, die unter den See führt [Eingang Touristeninformation, erster Kiosk, Mo, Mi-Fr 10-18, Sa, So 11-19 Uhr, Eintritt frei]. Hierher wurde auch die Kanone „El Tigre" gebracht, die von dieser Stelle aus 1797 die Engländer beschoss und dabei Admiral Nelsons rechten Arm abriss.

In der Mitte des Candelaria-Platzes erhebt sich eine Statue der Inselheiligen,

Mit „bono-bus" zum halben Preis

Das Busnetz der TITSA reicht auf Teneriffa bis ins letzte Nest. Man kann die Ausflüge also bequem und preiswert gestalten. Bis zur Hälfte kostet die Fahrt mit der bono-bus-Karte, zu kaufen an den Busbahnhöfen oder bei vielen Zeitungskiosks ab € 12. Eine Karte kann von mehreren Personen benutzt, das Guthaben beim nächsten Urlaub abgefahren werden. Mit dieser Karte bezahlt man ca. die Hälfte für die Fahrt sowie für den Eintritt in staatlichen Museen.

der „Lichtbringerin" Candelaria. Zu
Füßen der Madonna stehen vier heidni-
sche Guanchen-Könige. Sie sind zu klein
geraten, der Künstler hatte wohl die opti-
sche Verkürzung vergessen, die entsteht,
wenn die Skulpturen auf eine Säule
gestellt werden. Die vier Gestalten sind
eine Erinnerung an die ersten Guanchen-Herrscher, die sich nach der Eroberung taufen ließen: die Menceyes von
Abona, Daute, Güímar und Icod.
Draußen, auf der Calle Castillo, herrscht
wieder geschäftiges Treiben. An der Ecke
der Plaza de la Candelaria liegen zwei
beliebte Treffpunkte mit Ausguck auf die
neuen grünen Plätze: die Cafeteria Olim-
po und die Bar Atlántico.

Auf geht's zum Stadtbummel

Zwischen Regierungssitz und Post
beginnt der Stadtrundgang an der Calle
Bravo Murillo. Auf der rechten Seite öffnet sich bald ein Platz mit der Kirche
Nuestra Señora de la Concepción, der
ältesten der Stadt, 1502 erbaut, in den
1990er-Jahren restauriert (tgl. 9-12, 18-
19.30 Uhr). Kunstvolle Mudéjar-Decken
(maurisch) sind zu entdecken, der aus
Silber getriebene Altaraufsatz sowie in
der Wand des Hochaltars die „Schmer-
zensmutter" von Luján Pérez (1756-1815,
Gran Canaria). Links vor dem Chor hängt
das mit Silber beschlagene Kreuz des
Eroberers von Lugo. Wenn Sie es dort
nicht finden, sollten sie weiter suchen,
es wechselte jetzt schon dreimal den
Platz innerhalb der Kirche. Hinter der
Kirche liegt das unter Ensembleschutz
gestellte, älteste Stadtviertel La Noria. In
kräftigen Farben leuchten die renovierten Häuser. Bars und Restaurants sorgen
für Stimmung bis spät in die Nacht.

Stopp an der Theke

*Für Kleinigkeiten bieten sich in
Santa Cruz an der Plaza de la
Candelaria die* **Cafeteria Olim-
po** *und auf der anderen Seite
das* **Cafe Atlantico** *(tgl. geöffnet) an. Im* **Mercado** *befinden
sich Tapas-Bars (tgl. 8-15 Uhr).
In der Nähe des Parque García
Sanabria ist das* **Il Caffè di
Roma** *empfehlenswert (Calle de
El Pilar 11, tgl. 8-24 Uhr). Hier
gibt es den besten Cappuccino
und kleine Speisen. In La Laguna bieten sich (alle tgl. ca. 13-15
und ab 20 Uhr) die* **Tasca La
Carpenteria** *in der Calle Nuñez
de la Peña (auch Sandwiches),
das* **El Diablito** *(Calle Marques
de Celada 70, Pizzeria), das* **El
Candil del Mago** *(Calle Vergara
2, internationale Küche, mit
Garten u. Terrasse) und das*
Rincón Palmero *an (Plaza del
Cristo 15, So abends und Mo
geschl., gehobene Preise, aber es
gibt auch halbe Portionen).*

Vulkane und Gruselkabinett

Ein paar Schritte weiter, in der Calle
Fuente Morales/Ecke Calle de San Sebastián steht das frühere Krankenhaus –
seit 2002 das sehenswerte **Museo de la
Naturaleza y el Hombre** [www.museos
detenerife.org, Di-So 9-19 Uhr, € 3/1,50
für Schüler und Rentner, Kinder unter 8
J. gratis, So frei, Audioguide € 3]. Es gibt
auch Informationsblätter in Deutsch.
Computermonitore und andere Hilfen
machen die Themen leicht verständlich.

Im Erdgeschoss wird die Entstehung der Inseln demonstriert mit dem Lärm der in dunklen Räumen spuckenden Vulkane. Im ersten Stock, Zone 2, wird die Herstellung von Steinwerkzeugen und Kleidung gezeigt, dort befindet sich auch der Zanuta-Stein im Original mit berberischer Schrift, ein wichtiger Herkunftsbeweis der Guanchen. Der zweite Stock ist in der Abteilung „Archäologie" den Ureinwohnern der Kanaren gewidmet: Die Guanchen-Sammlung zeigt Küchen- und Jagdgeräte, Kleider und Werkzeuge. Versteckt hinter mehreren Wänden ist die Zone 3 dem Totenkult der Altkanarier gewidmet. Achtung: starke Nerven sind gefragt, für manche Kinder kann es erschreckend sein, plötzlich vor Mumien, Totenschädeln und anderen Leichenteilen zu stehen. Man soll freiwillig und angstfrei die Mumienshow betrachten.

Erholung verspricht dann die Abteilung „Naturwissenschaften". Hier erfahren die Besucher mehr über das Meer rings um die Kanarischen Inseln. Mineralien, Steine und Fossilien machen Hobbysammler frustrierend neidisch. Maßstabgetreue Wale, Delfine und Reptilien, sogar unser deutscher Archeopterix, der Urvogel, wird in Kopie vorgestellt. Und als Mahnung, die kulturellen Werte zu achten, werden Felszeichnungen gezeigt, auf denen vor mehreren hundert Jahren ein gewisser „Mari" sich verewigt hat.

Das TEA

Ein paar Schritte weiter, nicht zu übersehen, steht der schwarze Steinblock der **TEA**, der **Espacio de las Artes** [Avenida de San Sebastián 10, www.teatenerife.es, Tel. 922 84 90 57, Di-So und Fei 10-20 Uhr, Eintritt € 5/€ 1 für Personen unter

Delfine und Wale – maßstabgetreu im Museo de la Naturaleza y Hombre

Selbst kreativ werden können Nachwuchskünstler auch im TEA

27 u. über 60 J.] Das Museum der Künste wurde von den Architekten Jacques Herzog, Pierre de Meuron und Virgilio Gutiérrez entworfen. Mit dem Haus wird der Surrealist Oscar Dominguez geehrt, ein Sohn der alten Hauptstadt La Laguna (1906-1956). Für Kinder gibt es eine Experimentierzone, mit Anleitung am Sonntagvormittag und -nachmittag.

Ein Markt für alle Sinne

Jenseits der Straße öffnet sich der Eingang zum **Mercado de Nuestra Señora de Africa** (tgl. 8-15 Uhr). Orientalische Düfte von Kräutern und Gewürzen schweben durch die Luft, aus Säcken quellen Nüsse, Hülsenfrüchte und Kartoffeln. Trockenfrüchte und kleine Teneriffa-Bananen verstreuen ihr süßes Aroma, und Kanarienvögel singen in ihren Käfigen. Für Kinder bis sechs Jahre gibt es einen lustigen Spielplatz.

Über die Calle de Valentín kommt man wieder zur Fußgängerzone Castillo, die an der **Plaza del General Weyler** endet. Lustig anzusehen ist in der Mitte der Fuente del Amor (Liebesbrunnen) mit Putten, Nackedeis und Wasser spuckenden Löwenköpfen. Am nördlichen Ende geht nach rechts die Avenida del Veinticinco de Julio Richtung Meer ab.

Zur dicken Nackten

In der Fortsetzung der Straße des 25. Juli erreichen die Stadtbummler den „Botanischen Garten" der Hauptstadt, wahrlich ein Ort der Erholung. Im **Parque Municipal García Sanabria** beeindrucken tropische und subtropische Pflanzen, riesige Gummibäume, Kinderspielplätze und moderne Plastiken. In der Mitte sprüht ein Springbrunnen erfrischenden Wasserstaub über die Besucher und über eine dralle Frauenplastik, Symbol der Fruchtbarkeit. Unten bei der Blumenuhr und der Freiluftbar (mit preiswerten Schnellgerichten) findet man einen Treno, einen Bummelzug

Parque Marítimo

Wer am Busbahnhof in Santa Cruz aussteigt, sieht sofort das futuristische Auditorio de Tenerife. Hier werden Opern, Theater und Kongresse veranstaltet. Gleich nebenan befindet sich der **Parque Marítimo** *mit Pools und einem kleinen Strand – eine willkommene Erfrischung nach dem Stadtbummel. Wenn die Anlage geöffnet ist. Bei Redaktionsschluss war sie zu.*

(€ 1 pro Runde). Im Norden des Parks zieht sich die Rambla de Santa Cruz genannte Allee aus Palmen und Bananen, Indischem Lorbeer und Gabun-Tulpenbäumen Richtung Meer. Vor allem in den Abendstunden ist das eine friedliche Meile. Die Rambla mündet an der Küste in die Avenida de Anaga, nach rechts wird wieder die Plaza de España erreicht – das Ende der Rundtour.

Mit der Straßenbahn

Wir wollen aber noch der alten Dame La Laguna einen Besuch abstatten. Dem Zentrum nahe Einstiege sind an der Fundacion (gegenüber Plaza de la Iglesia), am Teatro Guimerá oder an der Plaza Weyler. Endstation ist die Avenida Trinidad in der früheren Hauptstadt, nach dem Sieg über die Guanchen als erste Stadt auf Teneriffa gegründet. Das war 1496, also vor mehr als 500 Jahren. Ein Spaziergang durch die frühere Residenz, heute Kulturerbe der Menschheit, zeigt dem Besucher im Kern den Aufbau einer altspanischen Siedlung im Kolonialstil des 16. und 17. Jahrhunderts, die schachbrettartig konstruiert ist.

Zu Klöstern und Palästen

Den Stadtspaziergang in **La Laguna** [kostenlose Führung in deutscher Sprache Mo-Fr um 11.30 Uhr, Treff beim Info-Amt, siehe S. 28] sollte man im Schatten der **Plaza del Adelantado** (Statthalter) planen. Hier sitzen unter den Lorbeerbäumen alte Männer auf ihren „Lügenbänken", wie die zur Arbeit eilenden Angestellten diese Plätze der Kommunikation bezeichnen. Vom Platz aus lässt ein Stück der typischen Architektur erfassen: Gegenüber der südlichen Ecke der Plaza

steht, oft mit flatternden Fahnen geschmückt, das klassizistische **Ayuntamiento** (Rathaus), früher Sitz der Inselregierung. Rechts vom Rathauskomplex dominiert das Portal der Kirche des Klosters **Santa Catalina**, in dem noch Nonnen ihren Dienst versehen. Zwei Häuserblocks weiter nach rechts beginnt links die Calle de San Agustín. Hier stehen gleich mehrere Stadtpaläste, Beispiele für den Reichtum auf der Insel etablierter spanischer Familien. Das Haus Nummer 22 ist das absolute Schmuckstück, die Casa Lercaro von 1593. Im renovierten Gebäude wurde das **Museo de Historia de Tenerife** untergebracht [Tel. 922 82 59 49, Di-So 9-19 Uhr, Erw. € 3, Kinder ab 9 J. und Rentner € 1,50]. Architektonisch spricht den Besucher außer der Fassade vor allem der Patio, der Innenhof an: zweigeschossig, in Renaissancestil, Steinsäulen und Holzverzierungen. Das Museum bringt dem Besucher die Begegnung der Ureinwohner mit den Eroberern nahe: Dokumente, Missionierung, die Entstehung neuer sozialer Formen und die das Inselleben begleitenden Auswanderungen junger Menschen.

Wallfahrt & Picknick

Von der Calle de San Agustín führt die autofreie Calle Viana diekt zur Plaza de San Francisco del Cristo. Ziel ist das **Santuario del Santísimo** [Mo, Mi, Do 7-13 u. 16-21, Di 10.30-13 u. 16-21, Sa u. So 7-21 Uhr, Eintritt frei], die Wallfahrtskirche des Franziskanerklosters. Die Kirche zeigt die Verbundenheit von Kirche und Militär: Links der Eingang zur Klosterkirche, rechts daneben das bewachte Kasernentor, wie immer in Spanien überschrieben mit „Todo por la Patria"

(„Alles für das Vaterland"). Im Kirchenraum glitzert alles in Silber – die Altarwand, der Altartisch, das Lesepult und die Kandelaber – finanziert von Auswanderern, die auf Kuba mit Zuckerrohr ihr Geld verdienten. Die Wallfahrer kommen vor allem, um die Statue des Santísimo Cristo, eine Holzschnitzarbeit aus dem 15. Jahrhundert zu verehren.

Teneriffas erste Kirche

Über die Calle Silvèrio Alonso erreicht man die erste Kirche Teneriffas, 1502 bis 1505 erbaut, die **Iglesia de Nuestra Señora de la Concepción** [Mo-Fr 8.30-13.45 u. 17.30-19.30, Sa 8.30-13.45 u. 17-19.30, So/Fei 7.30-13.45 u. 16.30-20.30 Uhr]. Seit 1948 historisch-künstlerisches Nationaldenkmal, birgt sie in den drei Schiffen viele Schätze: eine Kanzel aus Zedernholz, besonders kunstvoll verzierte Kassettendecken im Stil der islamischen Kunst, die Silberschmiedearbeiten des Hauptaltars und mehrere Barockretabel mit Putten und Verzierungen im Stil des Inselbarocks. In dem Taufbecken (15. Jh.) wurden gleich nach der Eroberung die Guanchen-Fürsten getauft. Für den Rückweg zum Startplatz, der Plaza del Adelantado, bietet ein Bummel durch die Calle Herradores mit ihren Palästen und Boutiquen Abwechslung. Die parallel verlaufende Calle Obispo Rey Redondo führt zur **Catedrál de los Remedios** (wird auf längere Zeit restauriert). Höhepunkt ist die Capilla Virgen de los Remedios. Der barocke Altaraufsatz wurde mit Putten und Bildtafeln des flämischen Künstlers Hendrick van Balen, dem Lehrmeister Jan van Dycks, verziert. Wer das Grab des Eroberers de Lugo sucht, sollte es nicht hinter dem Hauptaltar erwarten, eine schlichte Grabplatte rechts vom Altar ist ihm gewidmet.

Der Patio des Museo de Historia de Tenerife bietet Platz zum Erholen

Tour 2: Anaga-Berge und Mercedes-Wald

Santa Cruz • San Andrés • Taganana • Afur • La Laguna

Wo: im äußersten Nordosten - Wie: mit dem Auto - Dauer: Tagesausflug - Nicht vergessen: Windjacke, Kamera, Pflanzenbestimmungsbuch, Fernglas, leichte Wanderschuhe

Serpentinenreiche Straßen erschließen Dörfer und Weiler und winden sich in engen Kurven um die Felshänge des zackigen Anaga-Gebirges, das aus tiefen Einschnitten und spitz zulaufenden Hügeln besteht. Das Bergmassiv, einer der geologisch ältesten Teile Teneriffas, wurde vor zehn Millionen Jahren aus Lavaschmelze und Basalt gebildet. Den höchsten Punkt des Gebirges (1.020 Meter) passiert man beim Cruz de Taborno, nördlich vom Pico del Inglés. An seinen Rändern besteht der größte Teil des Nordostzipfels aus Steilküste, schroff ins Wasser abfallenden Klippen. Abstecher führen ins Abseits, mal zuckelnd in die Berge, mal schwindelerregend Richtung Meer zu kleinen Weilern mit Sackgassensymbol. Im Mercedes-Wald geht es immer wieder zu Aussichtspunkten, von denen sich spektakuläre Fernblicke bieten. Wer seine Muskeln stärken möchte, findet (von Bushaltestellen aus) ein Netz von Wanderwegen bis in die entlegensten Winkel des Gebirges. Faszinierend ist auch die dichte, von Passatwolken befeuchtete Vegetation aus Lorbeerwald

Fischers Fritz fischt frische Fische

*Es ist fast schon eine Kunst, in San Andrés keine frischen Fische zu bekommen. Erste Adresse ist die **Cofradía de Pescadores**, Treff der Fischerzunft am Fischerhafen (Tel. 922 54 94 36, tgl. ab 10 Uhr). In der Bar wird laut und heiß diskutiert, im Speisesaal werden flink heiße Platten mit Fisch und Meeresfrüchten serviert (Fischmenü ab € 18). Die Mole ist garniert mit Fischrestaurants. Empfehlenswert in der Calle El Dique sind **El Rubi** (Nr. 19, Tel. 922 54 94 05, tgl. ab 12 Uhr, auch Reisgerichte, große Fischvitrine) und **Marisqueria Ramón** (Nr. 23, Tel. 922 54 93 08). Kreative Fischküche, etwas teurer, bietet **La Posada del Pez** (Carretera Taganana 2, Tel. 922 54 95 36, mittags und abends geöffnet, Mo u. Di geschlossen).*

und Baumheide. Wolken zwingen den Chauffeur manchmal, rechts ran zu fahren und abzuwarten, bis die Sicht wieder frei wird (Touristen-Information für das Anaga-Gebirge s. Santa Cruz und La Laguna).

Tierisch: Wolfsmilch, Nattern-kopf und Gänsedistel

Von **Santa Cruz** führt die Avenida de Anaga am Hafen entlang nordostwärts und über die Schnellstraße in den baulich gewucherten Fischerort **San Andrés**. Man lebt hier vom Fischfang, von der Landwirtschaft und von den Besuchern des Teresitas-Strandes (siehe Strände, S. 17), die gerne in einem der vielen Fischrestaurants einkehren (siehe Kasten). Am Ortseingang schlängelt sich die TF 12 in engen Kurven hoch ins landschaftlich aufregende Zentrum des Anaga-Gebirges. Die bewirtschafteten Terrassenäcker des Barranco de las Huertas gehen über in eine für Teneriffa typische Sukkulentenformation. Pflanzenfreunde und Fotografen aufgepasst! Wie große, grüne Schirme wölbt sich die Tabaiba, ein Wolfsmilchbusch, über die Felsenhänge, dazwischen wächst die Verode, die oleanderblättrige Kleinie. Unten am Fels steht der Kanarische Ampfer mit runden, glänzenden Blättern und der Kriechende Natternkopf mit seinen blauen Blüten. Je höher man kommt, desto mächtiger wird das Blattwerk des Sonchus, der Gänsedistel, aus deren Mitte ein mehr als ein Meter hoher Blütenstängel nach oben schießt. Ein paar Kurven weiter steigt man in die Vegetationszone der Baumheide und des Lorbeerwaldes ein, der Laurisilva. Genährt wird der Wald von den Nebelwolken des Passats, die oft zur langsamen Fahrt zwingen.

Fisch vom Feinsten

*Ziel für Fischfans ist der kleine Ort **Los Roques**: Alle Fischrestaurants liegen an der Straße, je nach Saison ab 11 Uhr bis abends geöffnet (wechselnde Ruhetage). Manche Häuser werden stark von Busgruppen frequentiert. Die Kenner schwören immer noch auf die **Casa Africa** am Ortseingang (Tel. 922 59 01 00, mit Terrasse). Doch nicht alle Urlauber mögen Fisch. Für sie bietet sich oben in Taganana das **Xiomara** an, von oben kommend das erste Haus rechts unterhalb des Straßenniveaus (Tel. 922 59 00 70, nur mittags geöffnet, So geschl., außer Fisch: Kaninchen, Hähnchen, Kotelett). Eine weitere Alternative ist **La Caseta el Frontón in Benijo** (Tel. 922 59 01 07, kanarische Küche).*

Ins „Land der Felsen"

Bei der ersten Kreuzung biegt die Straße TF 134 nordwärts nach **Taganana** ab. Hinter dem Tunnel, seitlich der steil abwärts schlängelnden Fahrbahn (Spucktüte bereithalten!) beginnt das landwirtschaftliche Terrassenszenarium: Mispelbäume, Orangenhaine und Weinterrassen prägen die Landschaft. Die Häuser des Ortes liegen verstreut auf mehreren Abhängen. Das Wort taganana kommt aus der Guanchen-Sprache und bedeutet „Land der Felsen". Es ist ein Vergnügen, durch die Gassen mit Kopfsteinpflaster und weißen Häusern zu spazieren. In der Kirche des Ortes, **Nuestra Señora de las Nieves y San Blas**, kann man ein interessantes Triptychon der flämischen Schule (16. Jh.) bewundern. Ein Stück Religionsunterricht in angenehmer Stil-

Der Name der Stadt Taganana bedeutet „Land der Felsen"

le: Die Gemälde zeigen in der Mitte „Die Anbetung der Heiligen Drei Könige", links „Die Anbetung der Hirten" und rechts die „Beschneidung Jesu". Wenn geschlossen ist, kann man den Schlüssel bei Kustodin Adele, Haus Nr. 13, oder unten bei Domingo, im Restaurant Xiomara, abholen.

Geburt der Vulkanschlote

Von Taganana aus, zwei Kilometer weiter in Richtung Meer, erreicht man den bei Fischfreunden bekannten Küstenort **Los Roques** (siehe Kasten S. 36). Hinter dem Dorf Almaciga, in Benijo, endet die Straße. Es gibt nur noch Wanderwege zum Ostkap, das von einer gewaltigen Felsküste eingerahmt wird. Schwimmen ist auf dieser Strecke nicht möglich. Auch bei geringem Wellengang droht eine starke Unterströmung den Schwimmer aufs Meer hinauszuziehen.

Geologie in Bild und Ton

Die laut dröhnende Küste links und rechts von **Benijo** fällt durch ihre zerfetzte Struktur auf, durch bizarre Lavagebilde, die aus dem Wasser ragen. An solchen Stellen lässt sich nachempfinden, dass das Anaga-Gebirge Urland ist. Es gehört zu den ersten Inselteilen (neben dem Teno-Gebirge und den Bergen bei Adeje), die durch tektonische Schübe aus dem Atlantik gedrückt wurden. In den aus dem Wasser sich erhebenden Vulkanen strömte die heiße Lava durch Schlote nach draußen. Doch zähflüssiger Phonolith bildete in der Röhre Widerstand, verstopfte den Vulkanschlot und beendete den Ausbruch. Danach erstarrte der Phonolithkegel. Durch die Kraft von Wind und Wasser erodierte die Außenschicht der Vulkankegel im Lauf der Jahrtausende. Geblieben sind die kaminartigen Kerne der Vulkane, harte Laven aus Trachyt, Basalt und Phonolith. Obwohl die Röhren der Vulkane nicht mehr vorhanden sind, bezeichnen die Geologen den Lavarest als Vulkanschlot, was den Laien ein wenig wundern mag.

Tanzplatz der Hexen

Wer von Taganana zurückkommt, wählt an der Kreuzung hinter dem Tunnel die Straße nach rechts, die Hauptstraße TF 12. Auf der Höhe erreicht man den Bailadero, den „Tanzplatz der Hexen", von dort geht es nach rechts über das Dach des Taganana-Tunnels weiter nach Chinamada. Vom **Mirador** (= Aussichtspunkt) **El Bailadero** aus genießt man den Blick auf die Serpentinenstraße sowie nach Taganana. Wenn der Wind über den Kamm weht, ist der mystische Name zu verstehen. Wolken stürmen von den nördlichen Barrancos nach oben, der Wind treibt sie in die Äste des Laurisilva, geformt zu fürchterlichen Gestalten: Kobolde huschen durch das Unterholz und Hexen tanzen auf ihren Besen.

Kanarische Glockenblumen

Nach der neuen Jugendherberge (siehe Kasten) beginnen zwölf Kilometer Straße durch die nördliche Waldlandschaft. Nach links führen Wanderwege durch Lorbeer, Gagelbaum und Erika. Wenn sich die Wolken im dichten Lorbeerwald fangen, bleibt die Walpurgisstimmung erhalten.
Ganz plötzlich werden die Wolken aufgesogen, die Sonne schickt ihre Strahlen in den Wald, die Augen werden weit, erleben die wunderbare Pflanzenwelt des Inselnordens. Wer entdeckt mehr Pflanzen? Hier die Ausbeute beim letzten Besuch: Weite Farnflächen wechseln sich

Schlafen, wo die Hexen tanzen

*Der äußerste Nordosten Teneriffas, das Wandergebiet im Anaga-Gebirge, ist eine Urlandschaft geblieben. Hier gibt es nur einige verstreute Dörfer, wenige Restaurants und überhaupt kein Hotel. Das war für die Inselregierung Grund genug, zwischen Mercedes-Wald und Anaga-Bergen, an der Straße nach Chamorga (km 1) eine moderne Jugendherberge zu errichten. Die **Albergue Montes de Anaga** ist ordentlich ausgestattet, es gibt Küche, Waschküche, Abstellraum und eine Terrasse mit Blick in das Lorbeerdickicht und runter auf San Andrés und den Teresitas-Strand. 40 Schlafplätze sind vorhanden, ein Bett kostet € 14 pro Nacht, unter 14 und über 65 Jahre € 12 (Tel. 922 82 20 56, www.alberguestenerife.net).*

ab mit Hängen, auf denen der löwenzahnähnliche Sonchus sprießt, das dickblättrige Aeonium, die violette Blutrote Cinerarie und weiter unten der rosarote Reiherschnabel, dessen Namen erst nach der Blüte zu verstehen ist. Vom Nickenden Sauerklee mit den zitronengelben Blüten kann man die jungen grünen Blätter kauen: erfrischend! Wer ein Stück zu Fuß geht, entdeckt im Schatten der Lorbeerbäume die orangeroten, gestreiften Blüten der Kanarischen Glockenblume, hört das Gezwitscher der Bergfinken, sieht Eidechsen in die Felsspalten huschen und Libellen lautlos über die Pfützen gleiten.

Das Ende der Welt

Vorbei an den Weilern Lomo de las Bodegas und La Cumbrilla führt ein Tunnel nach **Chamorga**, dem Ende der Welt. Hier ist Sackgasse, das Fahrzeug bleibt am besten vor dem Ort stehen. Zögernd beginnt man den Dorfbummel, eine kleine Kirche steht am Anfang, einige Gebäude mit typischen vierflächigen Ziegeldächern sind erhalten. Drachenbäume schmücken die Hänge. Señor Alvaro ist in Chamorga Herr über ein einfaches Restaurant (am Ende des Dorfes, warme Gerichte nur Sa, So u. an Feiertagen) – Rettungsstation für durstige Wanderer, denn der Ort ist Start- und Zielpunkt für viele Anaga-Wanderungen. Auf einem Poster ist die reiche Vogelwelt dieser Landschaft dargestellt.

Abstecher zum Ziegenkäse

Zurück auf der Hauptstraße TF 12 geht es ein paar Kilometer Richtung La Laguna. Kurz vor dem höchsten Punkt, dem Taborno (1.224 Meter), zweigt eine Nebenstraße (TF 136) sehr steil runter zur Küste ab. Unendliche Serpentinen schlängeln sich durch eine wildromantische Landschaft zum am Fels klebenden Weiler Roque Negro und weiter zum weiß leuchtenden Ort **Afur**. Wer sich von der Kurventour erholen muss, schlendert am Barranco de Tamadiste entlang zum felsigen Ufer. Treffpunkt ist bei José Cañon, Besitzer eines Krämerladens mit Bar und nicht immer geöffnetem Restaurant. Schmackhaften Ziegenkäse und ein Gläschen Wein gibt es aber immer.

Im Mercedes-Wald

Die Fortsetzung der Strecke führt mitten durch den **Mercedes-Wald**. Ein dichter Lorbeerdschungel prägt die grüne, oft in Wolken eingehüllte Landschaft. Dazwischen blüht und duftet die Baumheide, unterbrochen von den glänzenden Blättern des Gagelbaums. In den Randzonen ist der Laurisilva schon ziemlich dezimiert, die Region wird inzwischen geschützt (Parque Rural). Man darf hier nur noch Unterholz sammeln.

Auf der Weiterfahrt Richtung La Laguna leitet eine Stichstraße zum **Mirador Pico del Inglés** (992 Meter). Von hier genießt man den schönsten Rundblick überhaupt: Nicht nur nach Südwesten bis zum Teide, sondern das Panorama zeigt auf etwa 270 Grad das in allen Blauschattierungen unten liegende Anaga-Gebirge, zwischen den Spitzen wie Wattehschichten anmutende Wolkenreste. Im Süden ist Santa Cruz de Tenerife und der Teresitas-Strand zu entdecken. Im Nordwesten holt das Fernglas die Atlantik-

In Serpentinen schlängelt sich die Straße nach Taganana

brandung bei Punta del Hidalgo näher heran, bei guter Sicht im Westen sogar die Nachbarinsel La Gomera. Der benachbarte Berg Taborno (1.024 Meter) versperrt nur den Blick nach Nordosten.

Schöne Ausblicke

Der nächste Ausguck ist der **Mirador Cruz del Carmen** in 920 Metern Höhe. Sein Panorama ähnelt dem des ersten Ausblicks, doch der Platz ist lehrreicher: Die wichtigsten Bäume sind gekennzeichnet, man ist direkt eingekesselt vom Laurisilva-Wald. Amseln zwitschern aus dem Laubwerk, tiefgelbe Zitronenfalter flattern zu den Erikablüten, sobald es dämmert segeln Berg-Fledermäuse durch die Luft. In der Landschaft etwas versteckt liegt das informative **Besucherzentrum** [Juli-Sep tgl. 9.30-15 Uhr, sonst 1 Std. länger, deutsche Texte, freier Eintritt]. Mit Schaubildern und Videos wird sowohl die Entstehung des Anaga-Gebirges wie auch seine Flora und Fauna erläutert. Und das Leben der Menschen in dieser Region wird ebenfalls gezeigt. Bis 1998 hatten manche Dörfer noch kein Leitungswasser und keinen Strom, die Einwohner holten sich Wasser von weit her mit dem Esel, und starke Frauen, die Gangocheras, brachten gesammeltes Gemüse, Früchte und Ziegenkäse zu Fuß in die Stadt.

Kurvenreich geht es abwärts durch die grünen Tunnels des Mercedes-Waldes. Doch ehe **La Laguna** erreicht ist, lohnt ein letzter Stopp am **Mirador de Jardina** links von der Straße. Wer sich nicht auskennt, wird auf Schautafeln unterrichtet, wohin er in das Panorama blickt: von La Laguna über die Cordillera Dorsal mit dem Esperanza-Wald bis zu den Cañadas, aus deren Mitte der majestätische Teide an den Wolken kratzt.

Weit reicht der Blick von der Anaga-Küste

Tour 3: Vom Weinland in den wilden Norden

Tacoronte • El Sauzal • Valle de Guerra • Tegueste • Punta del Hidalgo • Bajamar • Chinamada

Wo: im Nordosten der Insel, nordöstlich von Puerto de la Cruz, westlich von La Laguna - Wie: bis Punta del Hidalgo mit dem Auto, dann zu Fuß - Dauer: mit Wanderung Tagestour, ohne Wandern Halbtagestour - Nicht vergessen: Badezeug, Kamera, feste Schuhe, Wanderstöcke

Im Weinbaugebiet um Tacoronte wird nach modernen Methoden angebaut

Teneriffas berühmteste Weingegend liegt rund um Tacoronte und im benachbarten El Sauzal. Die Weinorte bergen auch kulturelle Schätze, ein Weinmuseum und grüne Ruheplätze. Weiter in Richtung Küste findet man in Valle de Guerra ein sehr informatives ethnografisches Museum. Danach kommt ein Stück rauer Nordostküste mit den bei deutschen Urlaubern beliebten Orten Bajamar und Punta del Hidalgo. Tosende Wellen, eine zerklüftete Küste und viele Wanderwege sind hier die Hauptdarsteller [Touristen-Information: Carretera General Tacoronte-Tejina, La Estación, Tacoronte, Tel. 922 57 00 15, www.tacoronte.es].

Touren durch das Weingebiet

Tacoronte ist das Ziel trinkfester Ausflügler, in Bussen kommen sie an und verteilen sich auf die Bodegas. Autofahrer, die sich zurückhalten müssen, haben jedoch die Möglichkeit, für den Abend ein paar Fläschchen in den Kofferraum zu packen. Spaß für alle bringt die Teilnahme an einer Fahrt durch die neue, mehrere Orte berührende Ruta del Vino Tacoronte-Acentejo mit Besichtigung von Weinbergen, der Kellereien und Bodegas, natürlich auch mit Verkostung. Für die jungen Teilnehmer gibt es ausreichend alkoholfreie Getränke und Snacks. Der „Guagua del Vino" (Guagua=Bus) startet in Santa Cruz und in La Laguna und fährt die schönsten Orte Nord-Teneriffas an. Die Touren durch die Weingegend Teneriffas gibt es von Mai bis Dezember zu festen Terminen. Startpunkte für die acht unterschiedlichen Touren sind Santa Cruz [Mercado Nuestra Señora de Africa, 8.45 Uhr] und La Laguna [Parada de Guaguas de la Milagrosa – Bushaltestelle, 9 Uhr]. Von dort geht es quer durch die Weingegend der Insel nach Tegueste, La Laguna, Tacoronte, El Sauzal, La Matanza, La Victoria und Santa Úrsula. Die übliche Halbtagestour (ohne Essen) endet um 13 Uhr, die Tour mit typischem, ausgiebigem Essen um 17 Uhr [Preise ohne Essen: Erw. € 15, Kinder (5-12 J.) € 5, mit Essen € 20 mehr, mit Kindermenü € 15 mehr. Auskünfte über Oficina de Enoturismo, Casa de la Cultura, Plaza del Cristo, Tacoronte, Tel. 922 56 40 60, www.rutasyvinos.com].

Putten mit Indianerschmuck

Ein Stopp in Tacoronte lohnt für Kulturinteressierte auf jeden Fall. Zwei sehenswerte Kirchen hat der Ort zu bieten, in der Ortsmitte zuerst das **Santuario Santísimo El Cristo de los Dolores** (tagsüber geöffnet). Den Namen der Kirche gab der anrührende, „gemarterte Christus" (1662). Die jungen Besucher eilen rechts vom Chor zum Seitenaltar im Inselbarock, eine aus Mittelamerika beeinflusste Stilrichtung, bei der pausbäckige Putten bunten Indianerkopfschmuck tragen. Es ist dort recht dunkel, wer findet den Indianerengel zuerst? Unterhalb des Ortskerns steht die weiße, mit schwarzen Lavasteinen verzierte dreischiffige Hallenkirche **Santa Catalina Martír de Alejandria** [Calle El Calvario, unregelmäßig geöffnet, Schlüssel aber gegenüber dem Seitenportal oben links im hellgelben Häuschen Nr. 5a]. Einige nach Mexiko ausgewanderte Tinerfeños stifteten die aus Silber getriebene barocke Hochaltarwand (1745), mit-

---

Gegen Hunger und Durst

*Rund um Tacoronte gut essen kann man in der **Casa Juan** (Calle de Acentejo 77, La Matanza, Tel. 922 57 70 12, www.casajuan.net, Di-Sa 12.30-16 u. 18.30-22.30 Uhr, deutsche Wirte, Spezialität: Räucherfisch, Flasche Wein ab € 11) und bei **San Pedro** (Carretera Los Angeles 2, El Sauzal, Fr und So abends sowie Sa geschl., reichhaltige Tapas-Bar). Wein für das Urlaubsapartment gibt es preiswert in den **Bodegas Insulares Tenerife** (Vereda del Medio 48, Tacoronte, Tel. 922 57 06 17, www.bodegasinsularestenerife.es, Mo-Sa 9-17.30 Uhr; Viña Norte, Dulce Humboldt). Gut einkaufen kann man im **Mercadillo del Agricultor in La Matanza** (Ortsmitte). 17 Landwirte bieten täglich von 9 bis 14 Uhr preiswert ihre Produkte an.*

---

tendrin die Figur der gekrönten Stadtpatronin, deren Namen die Kirche trägt. Die Märtyrerin Katharina von Alexandrien ist an ihren Insignien Rad und Schwert zu erkennen.

Die Eisdiele im Park

Der Nachbarort **El Sauzal** erstreckt sich über dem Meer (300 Meter) auf mehreren Terrassen. Der Weinanbau hat auch hier Geld gebracht, man sieht es dem gepflegten Städtchen an. Mittelpunkt ist das weiße Ayuntamiento (Rathaus), umrahmt von einem Garten mit plätschernden Kaskaden. Der Ort bietet einige grüne Oasen, die mit viel Liebe hergerichtet wurden. Fahren Sie besser nicht mit dem Auto, durch die Bergstraßen werden Bremsen und Kupplung zu sehr malträtiert. Im unteren Teil bietet der **Mirador de la Garañona** einen super Blick über die Küstenlandschaft. Im Park lässt sich das botanische Wissen prüfen: Welche Pflanzen heißen Agaven, Flamboyante oder Rizinus? Wer weniger botanisch interessiert ist, verabredet sich in der italienischen Eisdiele [mitten im Park, Do-Mo 11-22 Uhr].

Taube Elefantenohren

Unterhalb der Kirche San Pedro kann man durch den **Parque Los Lavadores** wandeln (tgl. 8-21, im Winter bis 19 Uhr). Den Namen hat der Park von den ehemaligen Waschplätzen, damals wie heute kommt das Wasser für Bäche und Brunnen aus einer natürlichen Galería, einer in den Fels gehauenen Wasserleitung. Romantische Brücken, Terrassen, Blumenbeete sowie ein fantastischer Blick zum Meer und zur Landzunge El Puertito, dazu noch eine (nicht immer geöffnete) Cafeteria am höchsten Punkt der Grünzone machen den Aufenthalt für die ganze Familie zu einem Erlebnis. Der sehr alte Eukalyptusbaum erweckt Ehrfurcht. Witzig sind die Elefantenohren, die nicht hören können. Oleanderbüsche setzen bunte Tupfer, Papyrusstauden verlangen Erklärung (die Fasern waren die ersten beschreibbaren Unterlagen im alten Ägypten).

Wo Wein und Honig fließen

Am südlichen Ende des Ortes wurde ein altes Weingut aus dem 17. Jahrhundert restauriert und zum **Museo Casa del Vino La Baranda** umgebaut [La Baranda, Autopista del Norte km 21, Ausfahrt El Sauzal, gut ausgeschildert, Tel. 922 57 25 35, www.tenerife.es/casa-vino, Di 10.30-18.30, Mi-Sa 9-21, So 11-18 Uhr, Eintritt frei]. Im Hof steht eine Weinpresse, deren Funktion erforscht werden kann. Weinkenner kosten die Tropfen aus den auf Vulkanböden gereiften Trauben. Ein Restaurant bietet preiswert kanarische Gerichte [Drei-Gänge-Menü € 10, Kindermenü € 8 mit Suppe, Hähnchenbrust, Kroketten, Pommes frites, Brot, Getränken und Eis]. Es gibt ein Weinmuseum, und in der Casa de la Miel, dem Honighaus, faszinieren Einblicke in das Leben der Bienen, die Blumenwelt und die Arbeit der Honigkünstler. Allerdings fehlen deutsche Texte – nicht mehr lange, hat die Leitung versprochen.

Trachten und ein Hofgarten

Auf dem Weg nach Nordosten darf der Abstecher nach **Valle de Guerra** nicht

In der Casa del Vinio La Baranda kann lecker gespeist werden

verpasst werden. An seinem Rand, an der Straße Tacoronte–Valle de Guerra, liegt das **Museo de Antropología de Tenerife** [Carretera Tacoronte, www.museosdetenerife.org, Tel. 922 54 63 00, Di-So 9-19 Uhr, Erw. € 3, Kinder ab 8 J. u. Rentner € 1,50, So Eintritt frei]: ein schönes Beispiel für einen kanarischen Herrensitz des 18. Jahrhunderts. In dem Landgut sind Webstühle zu sehen, Trachten, Haus- und Feldgeräte sowie Keramik und Korbflechterei (deutsch beschriftet). Für die jungen Besucher ist es spannender, im Garten herumzustreifen. Dort werden Produkte der Insel, einschließlich Heilpflanzen, angebaut, eine Weinpresse aus dem 18. Jahrhundert ist zu sehen, auch ein Müllerraum mit Gofio-Mühlen (siehe S. 14).

Der Ringkampf der Guanchen

Die TF 13 Richtung La Laguna führt zu traditionellen Dörfern umgeben von Kartoffelfeldern, Weinreben, Zitronen-, Mandel- und Eukalyptusbäumen sowie Gärtnereien. In **Tegueste** wird die folkloristische Tradition besonders gepflegt. Hier lehrt man den Guanchen-Ringkampf, die Lucha canaria, sogar im Sportunterricht in der Schule. An der Durchgangsstraße des aufgemöbelten Städtchens erinnert ein Bronzedenkmal an den Brauch. Und wie in Deutschland in jedem Ort auf das Fußballstadion hingewiesen wird, zeigt man in Tegueste wo sich der Terrero, die Arena der Zweikämpfer befindet (siehe Kasten).

Tosende Atlantikwellen

Über Tejina führt eine Eukalyptusstraße nordöstlich zum Badeort Bajamar, zwei Kilometer danach ist schon Punta del

Auf zur Lucha canaria

*Ein besonderes Erlebnis für Jung und Alt ist der Wettkampf der **Luchadores**, der kanarischen Ringkämpfer. Fast jeder Ort hat eine spezielle runde Halle, den Terrero, wo dieser traditionelle Sport ausgetragen wird. Berühmt ist er für seine eindrucksvolle Fairness. An der Halle sind auch meistens die Termine angeschlagen (wenn nicht, fragen Sie in der nächsten Bar nach). Die Turniere finden vorwiegend am Samstag statt, die Saison beginnt im Oktober und dauert drei bis vier Monate. Danach kämpfen die Mannschaften der anderen Inseln gegeneinander. Der Endkampf um das beste Team der Kanaren findet im Juni statt und wird auch im Fernsehen übertragen. Infos auf Spanisch unter: www.federaciondelucha canaria.com.*

Hidalgo, die „Landspitze des Edelmanns" erreicht. Architektonisch bieten beide Orte wenig, doch **Bajamar** hat inzwischen ein Lifting bekommen, das besonders Familien begeistert: Auf dem neuen Uferplatz wurden die Meerwasserschwimmbecken neu gestaltet (siehe S. 26, Kinderfreundliche Badeplätze). Das behäbige Image gehört der Vergangenheit an. In der Nachbarschaft der Meerwasserbecken befinden sich preiswerte Bars und Restaurants. Auch **Punta del Hidalgo** hat sich einen kleinen Meerwasserpool zugelegt. Man sollte sich in dieser Urlaubsecke einen Ausflug in die Umgebung nicht entgehen lassen: Felsenküste, tobendes Meer, das Anaga-Gebirge und die vielen Wanderwege. Die Küste rund um beide Urlaubsorte ist bei Wellenreitern und Surfern beliebt. Normales Schwimmen bei dem hohen Wellengang, der die zerklüfteten Lavafelsen tosend umschlägt, ist nicht möglich. Aber zwischen Bajamar und Punta del Hidalgo sowie darüber hinaus gibt es kleine Badebuchten in der bizarren Felsenwelt. Ein bisschen klettern muss man allerdings, um seinen eigenen Badeplatz zu erreichen.

Zum Höhlendorf Chinamada

Der Weg zum Höhlendorf **Chinamada** ist kurzweilig, aber teilweise schwierig und nur geübten Wanderern zu empfehlen. Wichtig sind auf jeden Fall gute Wanderschuhe und Wasser (1,5 Liter pro Person). Außerdem sollte man schwindelfrei sein und keine Kreislaufprobleme haben. Die Kinder (etwa ab 8 J.) brauchen genug Ausdauer. Je nach Kondition dauert ein Weg mehr als zwei, bei langsameren Gruppen auch schon mal drei Stunden. Die Wanderung beginnt hinter Punta del Hidalgo an der Endstation der Buslinie 105. Unterhalb führt ein betoniertes Sträßchen nach rechts ab, Schilder weisen nach Chinamada und Las Carboneras. Links breitet sich der steinige Strand aus, überragt vom Doppelgipfel des Roque Dos Hermanos. Dann gelangt man hinter einem Treibhaus auf einen Schotterweg, steigt über eine Kettenabsperrung und wandert einen Betonweg abwärts in die Schlucht. Das alles dauert etwa zehn Minuten. Hinter dem nächsten Gebäude überquert man ein Bächlein.

Das Höhlendorf Chinamada erschließt sich nur geübten Wanderern

Runter in den Barranco

Wo die Schlucht nach oben führt, zeigen wieder Wegweiser nach Chinamada. Auch die Markierungen „Sendero turístico" (touristischer Wanderweg) geben die Richtung an. Es geht weiter mühsam aufwärts, nach zirka einer Stunde erreicht man einen Aussichtspunkt mit Blick auf die schäumenden Wellen, die gegen zwei Kaps, die Punta del Frontón und die Punta Frontera, stürmen. Der Pfad (den schmalen, nicht den breiten wählen!) führt nach oben zum Kamm, über Stufen abwärts in einen Barranco und nach einer Viertelstunde zu einem Tor (bitte wieder schließen!). Steil geht es auf dem Bergrücken weiter. Nach rund zwei Stunden erscheint hinter einer Kurve das Ziel, Chinamada.

Der Ort war schon zur Zeit der Guanchen besiedelt. Die Ställe und Höhlenwohnungen der heutigen Bewohner liegen im Felsen versteckt, nur die getünchte Front ist zu sehen. Bunte Blumengärtchen beleben den Ort, heute vorwiegend als Wochenendidylle genutzt. Links hinter dem ersten Haus kann man zwei Dreschplätze entdecken. Freizeitbauern haben die verwahrlosten Terrassen gepflegt und bauen Gemüse und Kartoffeln an. Inzwischen gibt es am Ortsrand ein Restaurant: **La Cueva** [Mi, Do, So 11-19, Fr u. Sa 11-22 Uhr]. Auf dem etwas schnelleren Rückweg eröffnen sich neue Perspektiven auf Schluchten und auf zackige Felsen. Man sollte sich Zeit nehmen, jetzt die Pflanzenwelt zu betrachten: die schlanken Affodil, die am Felsen klebenden Samtpfötchen und das dickblättrige Zwerg-Sedum mit roten Blüten. In den unteren Regionen findet man die Kanarische

> **Man sieht sich...**
> *Es ist einfach, sich mit den aus Punta del Hidalgo kommenden Wanderern in Chinamada oder Las Carboneras zu verabreden: Entweder die Autoinsassen ersparen ihnen die Strecke bis Las Carboneras und holen sie bei der Ermita in Chinamada ab. Oder sie sitzen bei einem Vino del Norte und Ziegenkäse im Restaurant **Tesegre** in der Calle Las Carboneras nahe der Isidorokirche (Tel. 922 69 00 53, ab 11 Uhr durchgehend).*

Spritzbeere sowie die Kandelaber-Euphorbie und die buschige Tabaiba.

Mit Bus und Abholer

Wer mit dem Bus nach Punta del Hidalgo gefahren ist (Linie 105 ab Santa Cruz), kann von Chinamada auf einem weiteren Weg oder auf der Asphaltstraße zum Ort Las Carboneras wandern. Dort fährt der letzte Bus (Linie 075) am späten Nachmittag am Platz vor der Kirche nach La Laguna [umsteigen nach Santa Cruz, Infos unter Tel. 922 53 13 00, www.titsa. com]. Eine Ausflugsalternative hat sich bewährt: eine Autofahrt nach Punta del Hidalgo. Die Wanderer ziehen mit derben Schuhen, Rucksack und Sonnencreme in Richtung Chinamada. Die Autofahrer kurven gemütlich über La Laguna in den Mercedes-Wald und nehmen auf der TF 12 die Abfahrt nach Las Carboneras. Dort sieht man sich wieder (siehe Kasten). Es ist übrigens geplant, die Buslinie bis Chinamada zu erweitern.

Tour 4: La Orotava und Umgebung

La Orotava • Aguamansa • Caldera de Pedro Gil

Wo: oberhalb Puerto de la Cruz - Wie: den Ort zu Fuß, die Umgebung mit dem Auto - Dauer: für die Stadt mindestens drei Stunden, für die Umgebung mindestens ein halber Tag - Nicht vergessen: Laufschuhe, Kamera, Besteck, Feuerzeug

Im Orotava-Tal, der grünen Lunge Teneriffas, ist noch echtes Bauernleben zu entdecken. 500 Jahre alt ist die Stadt **La Orotava**, die durch Handel groß und reich geworden ist. Der alte kanarische Stadtkern blieb erhalten. Patrizierhäuser mit Balkon und Patio, Museen, Kirchen und Gärten sowie intakte Gofio-Mühlen (siehe S. 14) versprechen Höhepunkte. Aguamansa ist auch eine Station für Selbstversorger, Picknick gibt es an der Caldera Pedro Gil. Der erste Besuch sollte dem Pueblochico gelten, der **Miniwelt** [Oficina Municipál de Información Turistica, Carrera Calvario 4, Tel. 922 33 43 44, www.viladelaorotava.org].

Die klitzekleine Orotava-Ecke

Im **Pueblochico** (siehe Attraktionen, S. 101) können alle Riesen sein, auch die Kleinsten schauen herab auf Städte und Kirchen, auf die ackernden Bauern, den Flughafen und tutende Fähren. Als Vorbereitung auf den Besuch der Altstadt von La Orotava interessiert natürlich in erster Linie, welche Bauwerke Platz gefunden haben in diesem Areal, das der ganzen Westprovinz gewidmet ist. Jetzt die Kamera gezückt! Die Miniaturen im Maßstab 1:25, von einheimischen Handwerkern und Künstlern geschaffen, sollen ja im Verlauf dieser Tour auf Genauigkeit getestet werden! Also merken Sie sich die folgenden Fragen: Werden am Haus Jiménez Franchy von 1672 wirklich die Türen von Vögeln gekrönt? Und die Stadtbibliothek, hat sie wirklich zehn Fenster und einen der typisch kanarischen überdachten Balkons? Stehen auf dem großen Platz vor dem prächtigen Rathaus wirklich vier Palmen, und was hat es mit dem aus Sand gestreuten Teppich auf sich? Schließlich die Kirche La Concepción: Kann man von der Straße die vier Wasserspeier wirklich sehen?

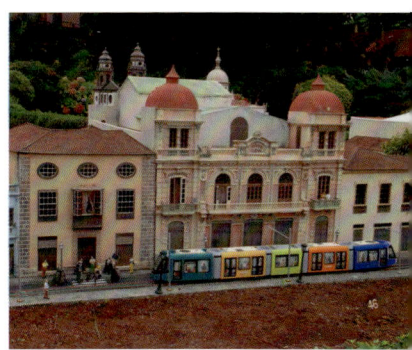

Genau hinschauen und später mit dem Original vergleichen!

Bummel durch die Altstadt

Doch nun auf in das wirkliche La Orotava! Die Schönheit der Stadt lässt sich am besten von den **Jardines Marquesado de la Quinta Roja** aus betrachten [Eingang: Calle San Agustín/Ecke Plaza de la Constitución, tgl. 10-18 Uhr, Eintritt frei]. Der wunderschöne, terrassenförmig angelegte Garten bietet einen Rundblick über die roten Ziegeldächer bis hoch zum Teide. Gekrönt ist die Anlage mit dem Mausoleum eines Freimaurers. Auch die Plaza de la Constitución darunter ist ein Ort zur Einstimmung. Bars versorgen hier Einheimische und Gäste mit Getränken und Eis. Vor allem nachmittags versammeln sich die Müßiggänger auf dem blumengeschmückten „Balkon von La Orotava". Von dieser Aussichtsterrasse schweift der Blick über die Ziegeldächer der Altstadt hinab in das vor allem mit Bananenplantagen gefüllte Tal bis zum Atlantik.

> ### So kommt man nach La Orotava
> *Autofahrer benutzen die Autopista del Norte, Exit 35. Von Puerto de la Cruz über El Durazno auf die Autobahn. Den Verkehr in den Gassen sollten Sie unbedingt meiden. Parken Sie besser am Stadtrand oder im Parkhaus hinter der Kirche San Agustín in der Calle General Machado. Wer in Puerto de la Cruz direkt Urlaub macht, sollte den Bus wählen. Die Linie 345 fährt etwa alle 30 Minuten bis Aguamansa und zwischen 9.45 und 18.15 Uhr auch bis zur Caldera Pedro Gil.*

Drei Höhepunkte

In der Calle Tomás Zerolo, die neben der Plaza beginnt, kann man gleich drei kulturelle Höhepunkte der Stadt bewundern. Haus Nummer 27 beherbergt die **Casa Torrehermosa** [Mo-Fr 9-17, Sa 9–14 Uhr, Eintritt frei]. Das Herrenhaus aus dem 17. Jahrhundert mit Holzbalkon und Innenhof wurde originalgetreu hergerichtet. Besonders sehenswert ist im zweiten Stock die handgeschnitzte Holzdecke. Das Gebäude ist Sitz von „Artenerife", dessen Aufgabe es ist, das Kunsthandwerk der Provinz zu erhalten und zu fördern. Seide von La Palma, Keramik, Korbwaren und kanarische Messer sowie Stickereien aller Art sind zu sehen. Im früheren Konvent Santo Domingo gegenüber, in der Nummer 34, wurde auf zwei Etagen das **Museo de Artesanía Iberoamericana** untergebracht [Tel. 922

Straßenteppiche aus Teidesand im Museo de Alfombras

32 17 46, Mo-Fr 9-17, Sa 9-14 Uhr, € 2,40 ab 13 J.]. Die iberoamerikanische Ausstellung zeigt u. a. die bis ins 15. Jahrhundert zurückgehende Textilsammlung García Cabrejo, 7.000 Keramikgefäße sowie Musikinstrumente der Iberischen Halbinsel, Mittel- und Südamerikas. Haben die Kinder Langeweile? Dann können sie nach der privaten, äußerst drolligen brasilianischen Spielzeugsammlung suchen. Und was macht der Test aus dem Pueblochico? Wohl zu schnell reingestürmt! Draußen krönen wirklich Vögel die Türen. Das Museum ist nämlich das Haus Jiménez Franchy von 1672, als Mini gesehen im Pueblochico.

Gleich nebenan birgt die dreischiffige Kirche **Santo Domingo** (tgl. 12-13 u. 17-19 Uhr) Gemälde aus der Rembrandt-Schule und in der letzten Seitenkapelle links eine wunderschöne bemalte Kassettendecke. In deren Mitte prangt die Figur

Die „Verkündigung" in der Nuestra Señora de la Concepción

des heiligen Dominikus (1170-1221), ein Altkastilier, der 1215 in Toulouse den Dominikanerorden gründete. Für gute Fotos sollte man sich übrigens auf den Rücken legen.

Wasserspeier und niedliche Putten

Weiter Richtung Stadtmitte, durch die zwei Türme und die mächtige Kuppel über dem Chor unübersehbar, steht die Kirche **Nuestra Señora de la Concepción** [tgl. 11-13 u. 16.30-19 Uhr]. An der 1768 bis 1788 errichteten dreischiffigen Hallenkirche fällt insbesondere die von den Türmen flankierte, dreiteilige Fassade auf, stark betont durch dunkle Vulkansteine. Nun zu Frage Nummer zwei: Von oben grüßen vier Wasserspeier! Sehenswert sind zudem der marmorne Hauptaltar sowie die beiden Statuen La Dolorosa und der Heilige Johannes. Am linken Seitenaltar, dem Marienaltar, sind wieder ein paar der niedlichen Putten zu entdecken und sensible Darstellungen aus dem Leben von Maria. Viele der in der

---

Preiswert und gut

*In La Orotava kann man noch preiswert essen, z.B. im **La Duquesa** (Plaza Patricio García 6, Tel. 922 33 49 49, Mo-Fr ca. 13-15 und ab 20 Uhr, rustikal, kanarische Gerichte ab € 6), im **Urbano** (Calle Nueva 1, Mi-Mo 9-23 Uhr, Juli geschl., einfache, kanarische Küche, Fisch und Fleisch, guter Landwein, Tapas, Tagesgericht ab € 7) oder in der **Bar Parada** (Calle San Agustín 3/Plaza de la Constitución, Tel. 922 33 02 57, tgl. 7-2 Uhr, Tapas ab € 1,50).*

Kirche verteilten Skulpturen stammen u.a. vom aus La Orotava stammenden Künstler Fernando Estévez.

Der Altstadtkern zeigt eine Reihe von älteren Adelspalästen mit wundervoll geschnitzten Balkonen. Darunter gleich oberhalb der Kirche in der Calle Tomás Peréz 3 die Stadtbibliothek, das dritte Testobjekt mit Balkon und – bitte nachzählen – zehn Fenstern. An Weihnachten wird hier eine Krippenlandschaft ausgestellt – die Arbeit des Künstlers José Garcia Hernández – mit 100 Tonfiguren, historischen Gebäuden der Stadt, Menschen in Tracht und bei der Ausübung ihrer handwerklichen Berufe.

„Teppiche" aus Teidesand und Erde

Die Perez-Straße geht es hoch, und die Wanderer werfen eine Blick nach rechts: Sie stehen vor der Plaza del Ayuntamiento mit dem klassizistischen **Palacio Municipal**, dem Rathaus, das vierte im Pueblochico eingeschrumpfte Gebäude. Auf dieser Plaza wird einen Monat vor Fronleichnam (siehe Kasten u. S. 118 f) damit begonnen, aus Vulkansand und zerbröselter Erde ein monumentales religiöses „Gemälde" zu streuen – und hier haben wir die Antwort auf die in Pueblochico gestellte Frage!

Die Straße steigt nun hoch zur Calle San Francisco. Das Haus Nummer 3 ist eines der prächtigsten Patrizierhäuser (1632): die **Casas de los Balcones** (Mo-Sa 8.30-18.30 Uhr). Geschmückt ist es mit den schönsten Holzbalkonen der Kanaren. Der linke Teil dieser Häusergruppe nennt sich Casa Fonseca und ist ein schönes Souvenirgeschäft mit Stickereischule. Im rechten Teil, der Casa Crostó-

bal de Franchy, residiert das **Museo de Alfombras** [Calle San Francisco 5, Mo-Fr 10-14 Uhr, € 2,40 ab 13 J.]. Im prächtigen Patio, ein Innenhof mit mehrstöckigen holzgeschnitzten Galerien und edlen, im Stil des 17. Jahrhunderts eingerichteten Räumen, werden Teppiche aus Blumen und vielfarbigem Teidesand ausgestellt. Die Ausstellung ist ein schöner Ersatz für jene Besucher, die an Fronleichnam nicht in La Orotava sein können.

Fronleichnam in La Orotava

Um nicht mit den Nachbarorten zu konkurrieren, feiert La Orotava sein Corpus Cristi eine Woche nach dem kalendarischen Fronleichnam. Wochen vorher streuen Künstler auf dem Rathausplatz ihre „Teppiche" aus Sand und Erde. Am Morgen schmücken die Einwohner auch noch die Gassen rund um die Kathedrale mit Blumenteppichen. Die mühevollen Vorbereitungen am Tag des Umzugs zu beobachten, ist einige Stunden Aufenthalt wert, Fotofreunde können in bunten Motiven schwelgen. Nach Sonnenuntergang wallt der feierliche Prozessionszug langsam durch die Straßen, über den Vorplatz der Kirche bis zum Platz des Palacio Municipal. Am Ende der Feier weisen dann nur noch Spuren auf die Blumenteppiche und das erdfarbene Fresko hin (s. auch oben, Museo de Alfombras).

Museumsdorf Pinolere

*Auf dem Weg von La Orotava Richtung Teide liegt das Museumsdorf **Pinolere** (Calle Germinal, Tel. 922 33 67 33, www.pinolere.org, Di-So 10-14 Uhr, Erw. € 2, Kinder 8-15 J. € 1). Auf dem Areal und in strohbedeckten Hütten wird das Leben der Landbevölkerung bis Mitte des 20. Jahrhunderts gezeigt: Dreschböden, Backofen, Krämerladen, Bar u.v.m.*

Der süße Duft nach Popcorn

In der Villa Ariba, der oberen Stadt, klapperten einst neun Gofio-Mühlen (siehe S. 14). Das Wasser wurde über einen Aquädukt auf die Mühlräder der am Hang stehenden Mühlen geleitet. Die meisten der neun Mühlen befinden sich in der Calle Doctor Domingo González García und wurden restauriert. Hier duftet es nach Popcorn. Der Wohlgeruch kommt aus dem Molino de Chano, seit 35 Jahren im Besitz der Familie González Hernández. Sie pflegt die Tradition des Röstens und Mahlens von Mais, Roggen und Gerste zu Gofio. Auch weiter unten im Ort, in der Calle Colegio 3, verbreitet der **Molino de Gofio La Maquina** seine Düfte [Besichtigung und Verkauf in beiden Mühlen Mo-Fr 8-13 u. 14-18, Sa 9-13 Uhr, 1 Kilo Gofio etwa € 1,50].

In die Berge zum Grillfest

Die Einheimischen machen vor allem am Wochenende gern einen Ausflug in die Berge. Wer es einrichten kann, sollte also besser die Wochentage wählen.

Erstes Ziel ist **Aguamansa**. Neben einem kleinen Erholungspark liegt dort die **Forellenfarm Aguamansa** [Carretera Orotava-Las Cañadas km 15, Bushaltstelle der Linie 345, Tel. 922 33 06 38, Mo-Sa 10-15 Uhr]. Unternehmungslustige packen ein paar frische Forellen ein. Einen Kilometer oberhalb von Aguamansa weist ein Schild nach links zum Erholungspark **Caldera de Pedro Gil** (Bushaltestelle). Der Krater, vom Kiefernwald beschattet, ist ein beliebter Picknickplatz, voll ausgestattet mit Tischen, Bänken, Grillplätzen, Wasserstellen und Toiletten. Während das „Küchenpersonal" grillt, toben die Kinder auf dem großen Spielplatz. Wer grillfaul ist, findet neben der Caldera ein kleines Ausflugslokal mit Terrasse (normalerweise 10-18 Uhr, am Wochenende länger). Zur Verdauung empfiehlt sich eine kleine Wanderung vom Krater aus (etwa zehn Minuten, 1,3 Kilometer) an den Fuß von Los Organos – einigen wie Orgelpfeifen aneinandergereihten, mächtigen Basaltsäulen.

Die gewaltige Mauer der Ladera de Tigaiga begrenzt das Orotava-Tal

Tour 5: Von Icod in den wilden Westen

Icod de los Vinos • Garachico • Buenavista del Norte

Wo: entlang der Nordküste - Wie: mit dem Auto - Dauer: Tagesausflug - Nicht vergessen: Badeanzug, Badeschlappen, Angelzeug, Kamera

Dieser Ausflug bietet Abwechslung, sei es für botanisch Interessierte, die in Icod den ältesten Drachenbaum der Welt finden, sei es für Liebhaber der kanarischen Architektur, die in Garachico, dem schönsten Städtchen der Insel fündig werden. Hobbyfotografen flippen westlich von Buenavista aus, dem letzten Ort vor dem zerfurchten Teno-Gebirge und der Landspitze Punta. Eine vulkanische Küstenlandschaft stellt sich als atemberaubendes Motiv zur Verfügung. Auch wer gern an vom Meer umtosten Felsstränden baden oder angeln möchte, hat dazu im wilden Westen der Insel Gelegenheit. Wer die Tour aufteilen will, sollte die Orte mit dem Bus besuchen.

Das Blut der Drachenbäume

Immer häufiger sind auf Teneriffa Bäumchen mit grauen Stämmen und einem grünen Blätterschopf zu finden, die es in unseren Breiten nicht gibt. Nach etwa zehn Jahren weicht die Bürste den ersten Blütenrispen, darunter befinden sich die Verzweigungen an quirlförmig angeordneten, dicken Ästen. Die Gabelung geht so weiter, bis sich eine

Und warum Drachenbaum?

Warum wurde dem Gewächs, das es schon vor 60 Millionen Jahren im Tertiär gegeben hat, der Name Drachenbaum gegeben? Die erste Deutung: Bei Verletzung scheidet der Stamm ein Harz aus, das sich an der Luft blutrot färbt, eben Drachenblut. Die Ureinwohner haben es zur Einbalsamierung ihrer Toten verwendet. Die Europäer glaubten an seine Heilkraft, der Exportartikel wurde für Heilsalbe verwendet und für Zahnpasta. Alexander von Humboldt berichtete: „In Nonnenklöstern verfertigt man Zahnstocher, die mit dem Saft des Drachenbaumes gefärbt sind, und die man uns sehr anpries, weil sie das Zahnfleisch konservieren sollten." Die zweite Deutung: Wenn die Blättergruppe am Kopf eines Astes abgeschnitten wird, wachsen gleich zwei oder drei Büschel nach. Wie beim Drachen: Schwert gezückt, Kopf ab, abwarten, mindestens ein neuer Kopf!

Schirmkrone bildet. Und in diesem Zustand ist die Verwandtschaft des kleinen Popfrisur-Drago mit älteren Dra-

Können über 600 Jahre alt werden: die Drachenbäume Teneriffas

chenbäumen nicht mehr zu erkennen. Der Methusalem, der Drago milenario, sieht seinem jüngeren auch dann gar nicht mehr ähnlich. Die Bewohner von **Icod de los Vinos** nennen den vermeintlich ältesten Drachenbaum der Welt den „Tausendjährigen". Fachleute gestehen dem Agavengewächs – die Fasern haben sich verflochten, der Baum ist innen hohl – nur 600 Jahre zu. Auch wenn der Greis gebrechlich ist und sich ohne Stahlpfähle und Betonprothesen nicht mehr halten könnte, beeindruckend ist das „Fossil" trotzdem: knapp 20 Meter hoch, 14 Meter Stammumfang, 140 Tonnen schwer. Seit einiger Zeit steht der ehrwürdige Alte im **Parque del Drago** [Plaza de la Constitución 1, Icod de los Vinos, Tel. 922 81 22 26, www.parque-deldrago.es, tgl. 9.30-18.30, Okt-März bis 17.30 Uhr, Erw. € 4 Kinder 2-12 J. € 2,50]. Im drei Hektar großen Park kann die gesamte kanarische Flora studiert werden. Bleibt noch die Frage, was der Baum mit Drachen zu tun hat (siehe Kasten S. 52)?

Ab in die Schatzkammer

Nach so viel „Drachenblut" tut es gut, die Ruhe eines Gotteshauses zu genießen. Über dem Park, inmitten eines Platzes mit tropischen Bäumen, steht die Kirche **San Marcos** mit Artesonado-Decken, am Hauptaltar ein wertvolles Silber-Retabel. In der Schatzkammer (tgl. 9.30-19 Uhr) ist die größte je aus Silber hergestellte Filigranarbeit zu bewundern: ein 2,45 Meter hohes und 48,3 Kilogramm schweres Kreuz. Es wurde zwischen 1663 und 1668 in Kuba angefertigt und vom in Icod geborenen, auf die Zuckerinsel ausgewanderten Don Nicolas Estevez Borges der Kirche geschenkt.

Schmetterlinge weinen nicht

Unterhalb des Parque del Drago ist ein Besuch des Schmetterlinghauses **Mariposario del Drago** lohnenswert [Avenida de Canarias, Icod de los Vinos, Tel. 922 81 51 67, www.mariposario.com, tgl. 9-19 Uhr, Okt-März bis 18 Uhr, Erw. € 8, Kinder 3-12 J. € 5, Rundgang mit Kinderwagen möglich]. Fast lautlos flattern die Falter über den Köpfen. Besucher in allen Größen können an Blättern und Ästen die Metamorphose, die Verwandlung vom Ei über die Raupe bis zur Puppe, beobachten. Wer Glück hat, kann beim Schlüpfen der zarten Geschöpfe dabei sein. Man erfährt, dass sich das Schmetterlingsweibchen nur einmal paart, das aber 24 Stunden lang, dass viele Schmetterlinge höchstens drei Wochen alt werden, einige, z.B. der Attacus Atlas (Spannweite bis 30 Zentimeter),

Filigraner Bewohner des Schmetterlingshauses: der Atlasspinner (Attacus Atlas)

gerade mal drei bis sechs Tage. Manche Fingerchen sind versucht, die kleinen Wesen zu streicheln. Das darf man nicht, denn das schadet den Schuppen auf den Flügeln, die wichtig für das Gleichgewicht sind. Und Schmetterlinge können weder schreien noch weinen.

Schwarzer Vulkansand

Seit 2008 hat Icod eine weitere Sehenswürdigkeit: die **Cueva del Viento**. Auf Seite 102 erfahren Sie mehr (Attraktionen). Vulkanisch ist auch der schwarze Sand der Playa de San Marcos unterhalb von Icod de los Vinos (siehe S. 24). Wer mit dem Bus anfährt, kann die Linien 354/363 stündlich von und nach Puerto de la Cruz nutzen; die Linie 362 fährt stündlich ab Icod zur Playa de San Marcos, die Linie 107 alle zwei Stunden ab Santa Cruz und die Linie 460 mehrmals täglich ab Las Americas/Costa Adeje.

Verschüttet und auferstanden

Garachico sollte man sich zuerst einmal aus der Vogelperspektive betrachten, um die Dramatik, die am 5. Mai 1706 begann, so richtig zu verstehen. Sechs Kilometer oberhalb von Icod befindet sich der **Mirador de Garachico** mit einem großen Ausflugslokal inklusive Souvenirverkauf. Wie aus einem Fesselballon sieht man unter sich das Städtchen liegen. Auch der Weg des Lavastroms ist zu erkennen, der einst die Felsen hinabstürzte, 40 Tage lang vom Vulkan Las Negras mit glühender Magma genährt. Unten wurde der alte Handelshafen zugeschüttet, die Felder und die meisten Häuser des Ortes. Der einst bedeutende Fischerhafen konnte nicht wieder in Stand gesetzt werden. Alle

Gebäude, die nicht vernichtet wurden und jene, die man gleich darauf baute, haben sich bis heute erhalten. Auch die Bauwut der Betonkapitäne blieb aus, sie hatten Garachico vergessen. Zum Glück! Denn heute gilt Garachico als das schönste und typischste Städtchen der Insel [Oficina de Turismo, Calle Esteban de Ponte 5 , Tel. 922 13 34 61]. Wer mit dem Bus hierher will, nimmt die Linie 363, die jede Stunde ab Puerto de la Cruz fährt, die Linie 107 (alle zwei Stunden ab Santa Cruz) oder die Linie 460 ab Las Americas/Costa Adeje, mehrmals täglich nach Icod, dort umsteigen in die Linien 363 oder 107.

Weil das Meer in Garachico zu rau ist, steigt man in die Piscinas Naturales

Festung und Lavawannen

In engen Serpentinen geht es steil abwärts. Unten angekommen, fällt gleich das schwarze, kompakte **Castillo de San Miguel** auf [Avenida Marítima, Mo-Sa 11-14 u. 15-16.40 Uhr, € 1 ab 14 J.]. Die gedrungene Festung, die von der Katastrophe unberührt blieb, birgt ein Museum mit Informationen über Geschichte und Brauchtum der Siedlung. Unbedingt sollte man auf den Söller steigen. Von dort aus genießt man den Blick über die Küste und entdeckt das kleine Inselchen, das bei der Gründung (1497) Namensgeber war: Gara bedeutet in der Guanchen-Sprache „Insel“, und die Kastilier verniedlichten den Felsen mit ihrem chico. Garachico bedeutet also kleine Insel. Gleich hinter dem Kastell beginnen die in die schroffe, schwarze Lavaküste geschlagenen Piscinas Naturales, einige betonierte Plattformen, von denen aus man über Leitern in die ständig von Wellen aufgefrischten Naturbecken steigt. Im Winter ist allerdings die Wucht der

Wellen so stark, dass das Bad in den Piscinas ausfallen muss. Daher hat Garachico ganz aktuell daneben ein sehr großes Freibad erhalten, das nicht gerade mit Schönheit protzt.

Das Herz Garachicos bildet die etwas erhöht angelegte, schattige **Plaza de Libertád** mit bewirtschaftetem Pavillon und einem Denkmal, das dem Befreier Südamerikas, Simón Bolivár, gewidmet ist. Wer auf der Plaza den Blick nach oben zum Turm der Kirche Santa Ana richtet, entdeckt etwas Kurioses: Auf dem Zifferblatt der Turmuhr steht der Name „Kreitz“, denn der Uhrmacher aus Hamburg hat es gebaut als er 1866 nach Teneriffa auswanderte.

Wo die Kirchendiener schlafen

Gegenüber, vor dem Holzportal der **Glorieta de San Francisco**, trifft sich die Jugend der Stadt. Mit etwas Glück ist die Kirche geöffnet, am ehesten sonntags. Über dem Chor der zweischiffigen Kirche wölbt sich eine schöne Artesonado-

Treffpunkt von Jung und Alt ist die Plaza de Libertád im Herzen Garachicos

Decke, schlichte Retabel aus der Schule Garachicos schmücken einige Altäre. Rechts der Kirche befindet sich der Eingang zur Casa de la Cultura, dem ehemaligen Convento de San Francisco (16. Jh.). Es macht Spaß, in den Klosterhöfen, einem Kreuzgang mit Palmen und Holzbalkonen herumzuschlendern. Wer präparierte Vögel und Meerestiere sehen mag, geht ins angeschlossene **Museo de Ciencias Naturales** [Plaza de Libertád, Mo-Fr 10-19, Sa 20-15 Uhr, € 1 für Erw.). Die Kirche Iglesia Santa Ana hält meist ihre Pforten geschlossen. Die hallenartige Basilika fing bei der Lavakatastrophe Feuer und brannte aus.

Bei den Zigarrendrehern

Auf der nahen Plaza de Juan González de la Torre treffen sich Mütter und Kinder zu Plausch und Spiel. Sie geht in den Parque de la Puerta de Lava über, von größeren Kindern bevorzugt, weil man in der kleinen Grünanlage Verstecke spielen kann. Dazu eignet sich das freigelegte Tor des ehemaligen, von der Lava verschütteten Hafens und eine Terrasse höher die gigantische alte Weinpresse. Zurück geht es Richtung Küste, zur Avenida República de Venezuela. Hier haben sich außer dem **Fremdenverkehrsamt** [Avenida República de Venezuela, Tel. 922 13 34 61] einige Kunsthandwerker niedergelassen, darunter im Haus Nummer 5 die **Tabacos Arturo**. Hier drehen Vater Arturo und Sohn Juan duftende Zigarren vor den Augen der staunenden Passanten (Mo-Sa 10-12, 16-19 Uhr). Auf Wunsch werden die Puros in jeder Mischung und Größe gerollt.

Die Segnung der Tiere

Weiter geht die Tour in Richtung Wilder Westen nach **Buenavista del Norte** – ein relativ ruhiger Ort, die meisten Einwohner leben von der Landwirtschaft. Sehr ausgelassen geht es hier an Festtagen zu. Wer im August auf Teneriffa Urlaub macht, sollte sich den 25. als Termin merken, das Patronatsfest für San Bartolomé. Zur „Segnung der Tiere" kommen Lastwagen und Pickups aus allen Richtungen mit Pferden, Kühen, Bullen und Kamelen, zu Fuß werden Katzen, Hunde, Papageien, Leguane, eben alles was sich in den Häusern tummelt, angeschleppt. Danach wird auf der Plaza heftig gefeiert. Nur die Messe in der Kirche Los Remedios, die 1996 völlig ausgebrannt war, unterbricht den Trubel.

Hunger im Wilden Westen?

*Preiswert speist man in Garachico im **Rocamar** (Calle Esteban de Ponte 11, Tel. 922 83 01 76, Do-Di 10-23 Uhr, Seezunge, Garnelen vom Grill, Kaninchen, Tagesgericht ab € 11) und im **Aristides** (Plaza de Libertad, Tel. 922 13 34 12, So-Fr 12-15 u. ab 20 Uhr, Eintopf aus Meeresfrüchten, Frischfisch, Menü ab € 16). In Buenavista locken das **El Burgado** (Playa la Arena, Tel. 922 12 79 22, tgl. ab 12 Uhr bis nachmittags, Terrasse am Meer, Fisch ab € 10, Fleisch ab € 9,50), das **La Cabaña** (Calle el Puerto 26, Tel. 922 12 79 22, ab 9 Uhr durchgehend, Fisch, Tagesgericht ab € 8,50) und das **El Palmar** (Carretera General, km 6, Tel. 922 12 78 35, ab ca. 11 Uhr bis abends, Mo und Okt geschl., Hähnchen vom Grill ab € 5, Menü ab € 9).*

Badewannen an rauer Küste

Mit dem Bau des neuen Golfplatzes (siehe S. 124) wurde eine Uferpromenade geschaffen, um den Gästen die von Lavaausbrüchen gestaltete Küste näher zu bringen. **Playa de las Arenas** heißt der neu erschlossene Küstenstreifen. Wagemutige Kinder (Badeschuhe!) und Naturfreunde schätzen die durch Lavawände windgeschützten natürlichen Badewannen, die sich in Ufernähe gebildet haben, und deren Wasser durch die Wellen ständig frisch gehalten wird.

Ausflug ins Naturschutzgebiet

Den Reiz der bizarren Landschaft im äußersten Nordwesten Teneriffas kann man bei einem Ausflug zur **Punta de Teno** auskosten. Das Abenteuer beginnt: die Straße ist wegen Steinschlags gesperrt. Kümmern sie sich um das Schild nicht und fahren Sie weiter. Aber nicht, wenn es geregnet hat, dann rutschen die Hänge ab, möglichst auch nicht am Wochenende, dann ist das Naturschutzgebiet überflutet von Menschen, die zwischen Lava und Kanaren-Euphorbien grillen und zelten. An Werktagen ist Platz am Naturstrand, an dem man schnorcheln, angeln und nach Fischadlern Ausschau halten kann. Reizvoll ist der Blick von der Höhe, auf der ein Leuchtturm die Schiffe warnt. Der Blick reicht bei klarer Sicht bis Los Gigantes. Zur Punta de Teno fährt kein Bus, man muss ab Buenavista ein Taxi nehmen oder wandern. Buslinien nach Buenavista: Linie 363 ab Puerto de la Cruz stündlich, Linie 107 alle zwei Stunden ab Santa Cruz, Linie 460 ab Las Americas/Costa Adeje mehrmals täglich nach Icod, dort umsteigen in die Linien 363 oder 107.

Tour 6: Wanderung durch die Masca-Schlucht

Masca • Los Gigantes

Wo: der Nordwesten Teneriffas - Wie: Bus, zu Fuß, Boot, Bus; alternativ: Auto - Dauer: Tagestour - Nicht vergessen: Anorak, Wanderschuhe und Wanderstöcke, Rucksack, Proviant, Wasser, Badesachen, Sonnenschutz, Kamera

Auch wer gern Auto fährt, sollte seine Kraft für die Wanderung in der anspruchsvollen Masca-Schlucht sparen. Die Busverbindungen sind auf der Insel gut, sei es vom Nordosten oder von Süden (siehe Kasten).

Die Wanderung durch die Schlucht dauert drei bis dreieinhalb Stunden. Eine Wanderung zurück nach Masca wäre für Kinder viel zu anstrengend. Besser ist es, sich am Ende der Schlucht per Boot nach Los Gigantes schippern zu lassen, von dort geht es weiter mit dem Bus. Kompromissvorschlag: Wer trotz allem mit dem Auto nach Masca fahren will, kann ab Los Gigantes für € 20 ein Taxi nehmen, um sein Fahrzeug in Masca wieder zu besteigen. Das Boot nach Los Gigantes fährt um 13.30, 15.30 und 16.30 Uhr. Nun gilt es nur noch, die morgendliche Abfahrt mit dem Bus ab dem Urlaubsort genau zu studieren. Fahrpläne gibt es bei allen Informationsstellen. Ein paar Vorschläge für mögliche Termine stehen im Kasten.

Mit dem Bus nach Masca

Die Linie 363 fährt von Puerto de la Cruz ab 6 Uhr stündlich über Icod de los Vinos und Garachico nach Buenavista (etwa 90 Min.), die Linie 355 (30 Min.) weiter nach Masca um 9.30 oder 11.45 Uhr. Dem schließt sich die dreieinhalbstündige Wanderung an. Mit dem Boot geht es nach Los Gigantes. Von dort fährt nach Puerto de la Cruz die Linie 325 nachmittags um 17.15 und 19.10 Uhr (letztere nicht Sa/So). Wer im Süden wohnt, nimmt die Linie 460 von Costa Adeje/Playa de las Américas (Abfahrten um 9.35 u. 12 Uhr bis Santiago, von dort nach Masca um 10.35 u. 12.55 Uhr, Linie 355). Nach der Wanderung und der Bootsfahrt nach Los Gigantes fahren Sie mit den Linien 473 und 477 gen Süden (bis etwa 20 Uhr stündlich).

Ein Bergdorf zum Verlieben

Ob **Masca** von Buenavista del Norte oder von Santiago del Teide aus angefahren wird – in beiden Fällen führen steile Serpentinen zum Ziel, und hier wie dort gibt es aufregende Blicke in tiefe Täler und auf die zackigen Teno-Berge. Schließlich tauchen die ersten Häuser

Masca ist ein idyllisches Bergdorf im Nordwesten der Insel

des idyllischen Bergdorfs auf, eine aus mehreren Weilern bestehende Siedlung, verteilt über steile Berghänge. Der Anbau von Kartoffeln, Zwiebeln, Wein, Pfirsichen, Mandeln, Aprikosen und Feigen erfolgt auf Terrassenfeldern. In den hohen Bergen weiden Ziegen und haben Imker ihre Bienenkörbe aufgestellt. Die Landschaft gehört zum Schönsten, was Teneriffa zu bieten hat.

Für einen Bummel durch Mascas steile Gassen sollte man sich etwas Zeit nehmen, die hübschen Häuser und die blühenden Gärten zu besichtigen und auf der Piazza de Masca mit dem kleinen Kirchlein und dem riesigen Gummibaum mit etwa 20 Stämmen zu rasten. Alte Frauen bieten Honig, Mandeln, Safran und Kosmetik an. Bei ihnen oder in einer der umliegenden Bars gibt es eine besondere Masca-Spezialität, ein kräftigender Wanderersnack: Pan de Higo, ein köstliches Feigenbrot mit Man-

deln und Honig, das auch mit Datteln angeboten wird.

Gut vorbereitet in den Barranco

Der Barranco ist durch Tiefenerosion im steilen Felsmassiv Los Gigantes entstanden. Familien sollten nur die Abwärtstour wählen. Sie ist anstrengend genug, doch mit gut trainierten Kindern ab sechs Jahren kein Problem. Wichtig ist nur, früh zu starten, um eine der drei Abfahrtszeiten des Bootes nach Los Gigantes zu schaffen. Das Ticket [€ 10, Kinder 5-12 J. € 5] wird in fast jeder Bar oder jedem Geschäft angeboten. Gleichzeitig werden die Wanderer angemeldet, damit sie einen Platz an Bord finden. Wenn das Wetter unsicher ist, erkundigen sich die Verkäufer, ob das Boot wirklich kommt. Bei höherem Wellengang ist der Zustieg nämlich nicht möglich, weil es keinen sicheren Landungssteg gibt.

Auf die Plätze, fertig, los...

Die Wanderung in die Masca-Schlucht beginnt im mittleren Teil der Siedlung beim Kirchplatz. Dort wählt man den steilen, gepflasterten Weg abwärts, vorbei an der Terrasse des Restaurants Chez Arlette. Bald ist die Bar Fidel/Blanky auf einem Bergrücken zu sehen. Kurz davor steht links eine Informationstafel. Dort beginnt der Einstieg in den Wanderpfad. Der deutlich sichtbare Weg, teils mit rutschigem Schotter, folgt einem trockenen Bachbett. Links befinden sich auffallende Palmenbestände und Terrassenfelder. Auf manchen werden Gemüse, Kartoffeln und Apfelsinen angebaut, andere sind verwildert. Nach etwa zehn Minuten sieht man ein paar markante Felsblöcke vor sich, ein Feuchtbiotop und Brombeergestrüpp säumen den Pfad, der auf eine Felsbank führt. Von hier aus ist schon der sichere Steg über dem rauschenden Bach zu sehen. Dort geht es abwärts über nackten Fels. Bald wird das Rinnsal wieder überquert. Wilde Mandelbäume zieren verlassene Terrassenfelder. Hier etwas anzubauen ist den vorwiegend zugezogenen Masqueros heute zu mühsam. Einzelne Palmen stehen in der Schlucht, Blütenstände der Agaven versperren den Weg, Indisches Schilfrohr wächst am Wasser.

Immer abwärts geht es im schönen Bergdorf Masca

Allein oder geführt?

Kenner der Schlucht raten, beim Alleingang oder auch zu zweit eine Trillerpfeife einzustecken – für den Notfall. Bei oder nach starken Regenfällen sollte auf die Wanderung verzichtet werden, die Felsen sind dann zu glatt, das Geröll zu rutschig. Im schlimmsten Fall können sich reißende Bäche aus den Seitenschluchten ergießen. Wer wenig erfahren oder ängstlich ist, sollte sich einem Führer anvertrauen. Geführte Touren werden im Reisebüro der Urlaubsorte angeboten. Gäste werden im Hotel abgeholt, per Bus nach Masca gefahren. Am Ende der Schlucht wartet das Boot nach Los Gigantes, dann geht es wieder ins Hotel zurück (pro Person je nach Ort um € 40, Kinder 5-12 J. € 20). Auch in Masca gibt es Wanderführer, die sich kurzfristig als Begleitung anbieten.

Häslein hüpf!

Während der nächsten Viertelstunde wird der Bach noch zweimal überquert, für Kinder eine lustige Gelegenheit, Häslein hüpf zu spielen. Manchmal macht es platsch und die Hosen sind nass. Macht nichts, die sind bald wieder trocken. Schließlich ist die Talsohle der gewaltigen oberen Schlucht erreicht. An den steilen Basaltfelsen klammern sich die grün leuchtenden Rosetten einer Aeoniumart, der Gold-Greenovia, die es nur auf den Kanaren gibt. Dem Löwenzahn ähnlich treibt die Saudistel einen meterlangen Stiel nach oben, mehrere gelbe Blüten an der Spitze, aus denen später eine wollige Kugel quillt.

Tief unten in der Schlucht weitet sich das Tal, andere Bäche und Barrancos münden hier. Eine kleine Staumauer liegt quer im Weg, der Bach wird von einer zementierten Wasserrinne aufgenommen. Im trockenen Bachbett geht es weiter, gigantische Basaltkiesel sind zu umgehen. Gelbe, braune, vor allem aber tiefblaue und schwarze Vulkanfelsen türmen sich über den Köpfen und zeigen die wahren Dimensionen: Die Menschlein erscheinen sehr klein zwischen den Kolossen aus Lava und Basalt. Gänsehautstimmung!

Katzenminze, Ehrenpreis und Cinerarien

Ein geräumiger Platz lädt zur Rast ein. Es duftet nach Lavendel und nach Katzenminze. Von hier aus ist der Weg nicht mehr zu verfehlen. Man schnuppert und riecht schon das Meer. Die Furcht einflößenden Felsen weichen zurück, es wird heller. Der Persische Ehrenpreis, im Garten zu Hause ein Unkraut, leuchtet hellblau zu den Füßen. Daneben wachsen Kanarische Walddotterblumen und die blau-violette Blutrote Cinerarie. Ihre Blüten ähneln denen der Margeriten, die Blätter sind herzförmig, fast wie die des Huflattichs geformt.

Die Guanchen waren schon da

Nach kurzem, steilem Anstieg fällt links am Weg ein überhängender Felsen auf. Unter seinem Dach befindet sich eine ausgedehnte Grotte, die Platz für eine ganze Kompanie bietet. Schon die Guanchen sollen die Kammern im Hintergrund bewohnt haben. Schließlich erreicht man das rauschende Meer, das zu einem erfrischenden Bad reizt. Es sollte aber bei einer lustigen Planscherei am Ufer bleiben. Wer hier hinaus schwimmt, ist durch den Sog starker Strömungen gefährdet.

Rechts an der steinigen **Playa de Masca** ragt ein Felsblock aus dem Wasser. Es ist die Anlegestelle der Boote aus **Los Gigantes**. Bei weniger hohem Seegang wird die Leine rüber geworfen oder jemand schwimmt mit ihr an Land. Sobald die Wellen zurückgehen, springen schnell zwei, drei Wanderer auf den Bug, kommen die Wellen wieder, prescht der Kapitän mit Vollgas zurück. Das Manöver wird mehrfach wiederholt. Vor allem den jüngeren Wanderern macht das einen Riesenspaß. Hinterher haben alle das Gefühl, ein echtes Abenteuer bestanden zu haben.

> ### Einkehr für Wandersleut'
> *Für die Stärkung vor der Wanderung sind in Masca zu empfehlen:* **Riquelme y Christine** *(oberer Dorfteil, Gasse von der Landstraße aus 100 Meter abwärts, Tel. 922 86 36 78, ca. 10-17/18 Uhr, abends auf Vorbestellung, Tapas mit Wurst, Schinken und Fleisch € 5),* **Bar Fidel** *(mittlerer Dorfteil, vor Einstieg zur Schlucht-Wanderung, Tel. 922 86 34 57, Fr-Mi 10-19 Uhr, Pasta € 4, Platte mit Schinken und Ziegenkäse € 4, Pommes mit Würstchen € 4,50, Pommes frites € 2,20, Mini-Pizza € 1,50, Fisch mit Pommes und Salat € 7,50, Säfte € 2,20) und das* **Aqui me Quedo** *(mittleres Dorf, an der Hauptstraße, Tel. 922 86 34 08, So-Fr 8-20 Uhr, Menü ab € 10, Pan de Higo: 225 Gramm € 3,90).*

Einen Ausflug wert ist auch Santiago mit der Kirche de Compostela

Santiago: Guanche mit Ziege

Etwa 14 Kilometer von Los Gigantes entfernt lockt noch ein Besuch des Städchens **Santiago**. Hier fällt gegenüber der sehenswerten Kirche **Santiago de Compostela** [tgl. 8-18, im Sommer bis 19 Uhr] ein bronzener Guanche mit Ziege auf. Es ist Cherfe. Der kriegerische Guanche hatte Fernando II von Aragon gefordert, de Lugo, Eroberer und Gouverneur der Insel, solle ihm die 200 Ziegen zurückgeben, die er ihm gestohlen habe. Die Petition hatte Erfolg und Cherfe stellte seinen Widerstand gegen die Krone ein.

Tour 7: Der Osten, Aschenputtel mit Schönheitsflecken

Valle de San Lorenzo • San Miguel de Abona • Granadilla de Abona • Arico • Fasnia • Güímar • Candelaria

Wo: im Osten der Insel - Wie: mit dem Auto - Dauer: Halbtagestour - Nicht vergessen: Sonnenschutz, Kamera, Frischhaltebox für Käse

Weg von nervösen Verkehrswegen, weg vom Rummel großer Urlaubsorte, das bietet diese von Urlaubern kaum beachtete Strecke durch die Dörfer des Ostens. Die Landschaft ist wild, die Fahrer müssen kurvensicher sein, in den Orten geht es gemächlich zu. Beginnend in Valle de San Lorenzo begleitet den Besucher der Trockenfeldbau, Landwirtschaft ohne Regen. Die kulturellen Höhepunkte sind eng verbunden mit der Geschichte der Guanchen. Gleich drei Zentren bieten sich an: In den Höhlen rund um Fasnia haben sie gewohnt, in Güímar bauten sie ihre Pyramiden für kultische Zwecke und im sakralen Mittelpunkt Candelaria fanden die Guanchen eine Figur der Madonna.

Landwirtschaft ohne Regen

Wer die Autobahn benutzt, wählt Exit 26, um den Ort **Valle de San Lorenzo** zu finden. Hier sind die **Jardínes del Atlántico** Ziel vieler Urlauber, eine Bananenplantage, in der auch die Insel anschaulich erklärt wird, vor allem die komplizierte Versorgung mit Wasser (siehe Attraktio-

Wenn der Hunger kommt

Die erste Verführung kommt im Restaurant **Mirador de la Centinela** (Carretera General km 94, Tel. 922 69 12 84, Di-So 10-23 Uhr). Als Gerichte sind zu empfehlen: Hühnersuppe (€ 3,40), Hähnchen oder Fisch mit Pommes und Salat (€ 4,60) oder Pizza (ab € 5,50). Und eine große Portion Eis (€ 1,70)! In **San Miguel** gibt es kanarische Gerichte und Wein in der denkmalgeschützten **Vieja Bodega** (Plaza Nueva, Tel. 922 70 08 63, Di-So 12-15 u. ab 20 Uhr, leicht gehobene Preise). Eine gute Adresse in **Arico Nuevo** ist die **Tasquita El Pimentón** (Calle Vera de los Cangueros 2, gegenüber dem Kirchlein, Tel. 922 76 84 86, Mi-So 13-23 Uhr, deutsche Inhaber). Die Karte überrascht mit spanisch-kanarisch-italienischen Gerichten: Tapas ab € 5, Salate, Pasta ab € 6, Hähnchen mit Reis und Salat € 8, Gulasch € 7,50.

nen, S. 96). Oberhalb liegt der Mirador de la Centinela, ein Bau aus schwarzem Vulkangestein mit Restaurant und fantastischem Ausguck. Der Blick reicht ostwärts bis zum Badeort El Medano, im Westen über Arona, im Hintergrund das Inselchen La Gomera. Das Land unterhalb ist übersät von mit weißen Plastikbahnen abgedeckten Gewächshäusern und mit Ackerflächen, deren Decke aus Lavaschotter (Picón) besteht. Die porösen Körner nehmen den Nachttau auf und geben die Feuchtigkeit an die Wurzeln der Pflanzen weiter.

Der nächste Ort, **San Miguel de Abona**, wurde inzwischen rundum verschönert. Für Besucher ist vor allem das Viertel um den Kalvarienberg (Nähe Friedhof, Cementerio) von großem Interesse: Für Schlemmermäulchen ist die Vieja Bodega zu empfehlen, wer sich für Kultur interessiert, findet nebenan in der **Casa del Capitán** ein sehenswertes Museum [Calle El Calvario 1, Mo–Fr 8–14 u. 16.30–19 Uhr, Eintritt frei]. Das sorgfältig restaurierte Herrenhaus hält in vielen Räumen Informationen über die Dorfgeschichte bereit.

Ein Windpark für die Zukunft

Zwischen Terrassenfeldern mit Tomaten, Kartoffeln, Obst, Avocados und Bananen liegt der Verwaltungsort **Granadilla de Abona**. Der alte Ortskern blieb erhalten und wurde renoviert. Lohnend ist ein kleiner Abstecher vor allem auch für die Jugend, die sich für die Zukunft unserer Energiegewinnung interessiert. Acht Kilometer unterhalb des Ortes, hinter der Autopista del Sur, liegt der **Parque Eólico de Granadilla** [Di–Sa 10–18 Uhr, geführte Touren in Spanisch und Englisch um 10, 12, 14.30 und 16 Uhr, anmelden unter Tel. 922 39 10 00, Eintritt

28 Windräder drehen sich im Namen der Forschung im Windpark von Granadilla

Einkaufs-Tipp:
Ziegenkäse und Wein

*Zur **Queseria de Arico** biegen Sie vor Arico Viejo Richtung Küste ab, oder fahren auf der Autobahn Süd die Ausfahrt Arico Exit 17 ab. 200 Meter Richtung Arico, dann ist die Käserei rechts zu sehen (Carretera Poris de Abona, Mo-Sa 8.20-14 u. 15.20-18.20 Uhr). Hier gibt es Ziegenkäse verschiedener Reifegrade. Das Kilo kostet € 8-10. Fragen Sie nach Kostproben!*

*Zur **Bodegas Cumbres de Abona** fahren Sie von Arico Nuevo Richtung Lomo de Arico (Calle el Viso, Teguedite, Arico, Tel. 922 76 86 04, www.cumbres deabona.es, Mo-Fr 8-15, Sa 8-13 Uhr). In der Winzergenossenschaft mit Direktverkauf ist besonders der „Flor de Chasna" empfehlenswert. Die Flasche kostet ab € 4,50, die Zehn-Liter-Box € 10,50. Wer die Absicht hat, mehrere Flaschen zu kaufen, sollte unbedingt eine kleine Weinprobe verlangen.*

Halbwegs in den Wolken

Wenn die Passatwolke über die Berge in den Süden schwappt, erreicht sie den Höhenweg, der sich parallel zur langweiligen Autobahn nordwärts schlängelt. Die Tour geht zügig weiter, bald wird die Strecke zwischen Granadillo, El Rio und Arico besonders urig, manchmal gespenstisch. Lavalandschaften mit einsamen Palmen und Agaven ziehen sich am Hang entlang, Wetterstürze haben tiefe Barrancos in das Land geschnitten. Wo die Vulkanausbrüche Bimsstein aufgetürmt haben, sägten die Straßenbauer Fahrwege in das Hindernis. Links und rechts ziehen graue Wände vorbei, unterbrochen von Grotten und Höhlen, teils für das Vieh als Stall, teils als Abstellplatz. Manche dienen als Garage, wenige sogar als Wohnung. Es ist ratsam, dort wo es geht, anzuhalten, um diese bizarren Impressionen zu bewundern oder die Botanik zu studieren.

Wirrwarr:
das neue Arico ist das alte

Zwischen Granadilla und Villa de Arico gibt es auch viele Ziegenherden, allerdings inzwischen in umzäunten Arealen. Ihre Fressgier schadete der Umwelt stark, mit ihrem scharfen Gebiss schneiden sie die Gräser bis zu den Wurzeln ab. Nichtsdestotrotz schmeckt der Ziegenkäse aus Arico hervorragend (siehe Kasten).

Im denkmalgeschützten **Arico** el Nuevo wurden historische Gebäude renoviert. Seltsamerweise ist Arico el Nuevo (Neu-Arico) der alte Ort, Arico Viejo (Alt-Arico) dagegen neueren Datums. Da wird man schon etwas wirr im Kopf. Die Aufklärung: Im 18. Jahrhundert beschlossen

kostenlos]. 28 Windräder, schon aus der Ferne zu sehen, drehen sich für wissenschaftliche Zwecke. Im Windpark arbeiten Forscher aus aller Welt an der Entwicklung alternativer Energien. Schautafeln und Schaustücke sind geschickt kombiniert mit einem botanischen Garten, in dem Teneriffas Pflanzen vorgestellt werden. Die Begehung des Lehrpfads ist auch ohne Anmeldung möglich.

reiche Grundbesitzer, Alt-Arico zu verlassen und weiter südlich einen neuen Ort zu gründen, nämlich Neu-Arico. Das alte Dorf, in dem nur noch Landarbeiter wohnten, zerfiel und wurde erst in den letzten Jahrzehnten wieder bewohnbar gemacht. Es hat inzwischen neue, bunte Straßenzüge bekommen.

Guanchen-Höhlen und Rettung vor der Lava

Der nächste Ort ist **Fasnia**. In den Höhlen der Umgebung fand man zahlreiche Mumien der Guanchen sowie Gebrauchsgegenstände. Sie sind in Santa Cruz im Museo de la Naturaleza y el Hombre aufbewahrt (siehe Tour 1, S. 30).

Auffallend im ruhigen Fasnia ist die auf einem Berg aus Vulkanasche errichtete, weiße Kapelle Nuestra Señora de los Dolores. Sie wurde aus Dank für die Rettung des Ortes gebaut. Als 1705 der Volcán de Fasnia (2.215 Meter) ausbrach, erstarrte die zerstörerische Lavawalze kurz vor dem Ort.

Die Guanchen-Pyramiden in Güímar machten den Ort weltberühmt

Terrassenfelder mit „Pfeffer und Salz"

Terrassen, Mauern, Kurven und Brücken bringen Abwechslung in die eher farblose Landschaft zwischen Fasnia und Güímar. Am Rande der Straße stehen „Pfeffer und Salz": Hier gedeihen Peruanische Pfefferbäume neben Kasuarinen, die man auch Salzbäume nennt. Sie kondensieren Salz aus der Meeresluft. Im Nordosten erhebt sich der Volcán de Güímar, 276 Meter hoch.

Spannende Familiendiskussion: Kulturaustausch?

Güímar wurde für Urlauber erst interessant, als der berühmte Ethnologe Prof. Thor Heyerdahl den Parque Etnográfico Pirámides de Güímar (siehe Attraktionen, S. 92) rund um die Guanchen-Pyramiden einrichtete. Die stufenförmigen Bauwerke waren lange Zeit wissenschaftlich geächtet. Die kanarischen Archäologen werteten die kunstvoll aufgeschichteten Steinmonumente ab: Es seien von den Bauern auf den Feldern gesammelte Vulkanbrocken.

Der norwegische Reeder Fred Olsen mit Sitz auf La Gomera schickte seinem Freund, dem Ethnologen Thor Heyerdahl Fotos der Pyramiden nach Peru, des Forschers Wahlheimat. Der Völkerkundler war von dem „Steinhaufen" so fasziniert, dass er beschloss, nach Teneriffa überzusiedeln. Unter seiner bewährten Leitung entstand 1998 ein ethnografisches Kulturzentrum, das mögliche Verbindungen zwischen den Kulturen Nordafrikas, den Kanaren und der Neuen Welt skizziert: Pyramiden in Ägypten, auf den Kanaren und im Reich der Inka. Gibt es einen direkten Zusammenhang?

Kulturaustausch? Symbol der Ausstellung ist ein Fragezeichen – der Besucher soll sich mit dieser bewegenden Frage auseinandersetzen. Eine spannende Familiendiskussion im Urlaub!

Die Fürsten der Guanchen

Auf direktem Weg, noch einmal durch eine schöne Landschaft, wird **Candelaria** erreicht. Der moderne Teil wirkt nicht gerade anziehend, hier befindet sich aber die **Touristen-Information** [Ortsteil Las Caletillas, Avda. de la Constitución 7, Tel. 922 03 22 30]. Mit Prospekten versorgt, geht es die von Fischrestaurants flankierte Fußgängerzone entlang direkt zur Plaza de la Patrona de Canarias. Hier fallen neun überlebensgroße Bronzefiguren des tinerfeñischen Bildhauers José Abad auf, die seit 1993 auf der Ufermauer stehen. Sie stellen die Menceyes der Guanchen, die Fürsten dar, die nach dem Tod des Gran Tinerfe Antigüedades die Insel untereinander in kleine Fürstentümer aufgeteilt hatten. Vor allem Kinder bemerken schnell, dass jedem Guanchen-Führer ein bestimmtes Symbol zugeteilt wurde. Manche sind auch ohne Kenntnisse über die Guanchen-Herrscher zu erraten.

Guanchenfürst Pelicar ist als Bronzefigur in Candelaria zu bestaunen

Ureinwohner finden die Madonna

Mit den **Guanchen** beginnt auch die legendäre Geschichte der Madonna von Candelaria, einer Schwarzen Madonna, die hier noch heute verehrt wird. Zwei Guanchen-Hirten fanden einst im Jahre 1390, also rund hundert Jahre vor der Berührung mit den spanischen Eroberern, eine Madonnenfigur am Strand. Ehrfurchtsvoll gaben sie ihr einen Platz in der Grotte von San Blas. Schon damals soll sie immer wieder Wunder bewirkt haben. Die Guanchen beteten, ohne es zu wissen, ehrfurchtsvoll zu einer christlichen Symbolfigur. Als dann die Spanier kamen, konnten diese den Mencey von Güímar leicht von ihrem Glauben überzeugen, galt für diesen doch die Wunderstatue als Vorbotin des Geschehens, der Eroberung. Der Herrscher über das Ostgebiet ließ sich dann überreden, mit den Spaniern gegen die anderen Fürsten zu kämpfen.

Die verschwundene Muttergottes

Die Sieger errichteten für die Madonna, die wahrscheinlich vom Altar eines gestrandeten Schiffes stammte, neben der Höhle San Blas ein Dominikanerkloster, in dem man die Statue aufbewahrte. Als Teile des Klosters 1826 durch eine Sturmflut weggerissen wurden, verschwand auch die Madonna. Also steht heute eine Nachbildung der alten Muttergottes in der **Basilica de Nuestra Señora de la Candelaria** [tgl. 7.30-13 u. 15-19.30 Uhr, So durchgehend]. In der neoklassizistischen, dreischiffigen Basilika sind die Mudéjar-Decken (maurisch) in Blau, Grau und Weiß zu beachten. Der erste Weg gilt natürlich der zierlichen Madonna. Sie befindet sich in einem mit goldenen Ornamenten reich dekorierten Schrein auf dem Hauptaltar der Kirche. Die Madonna wird als Schutzpatronin des kanarischen Archipels verehrt. Über die neuzeitlichen Fresken kann man streiten, sie sind gewöhnungsbedürftig.

Auf zum großen Fest

Die Virgen de la Candelaria wird besonders beeindruckend bei den Feierlichkeiten am 15. August verehrt. Schon am Vortag strömen die Gläubigen aus allen Richtungen nach Candelaria – zum christlichen Volksfest, das sich auch bei Fremden großer Beliebtheit erfreut. Höhepunkt ist die feierliche Prozession, bei der die Madonna dreimal um den Platz getragen wird, in Erinnerung an die Bekehrung der Guanchen. Danach gehören die Piazza und der schwarze Kiesstrand dem Volk, das hier singt, tanzt, kocht und zecht.

Am Strand von Candelaria klingt die Tour erfrischend aus

Tour 8: Aus allen Himmels-richtungen in die Vulkanwelt

Parque Nacional Las Cañadas del Teide

Wo: aus allen Urlaubsorten in Richtung Teide - Wie: mit Auto oder Fahrrad (anstrengend) - Dauer: Zeit lassen, aus allen vier Richtungen motorisiert jeweils ein halber Tag - Nicht vergessen: Windjacke, Kopf- und Nackenbedeckung, gutes Schuhwerk, Kamera und Zeichenblock, botanisches Bestimmungsbuch, Wasser und Snacks, Feldstecher

Aus West, Süd und Nordost führen Asphaltstraßen von der Küste in die Hochgebirgsregion der Cañadas. Von dort geht es anstrengend zu Fuß oder bequem mit der Seilbahn an den Fuß des Teide, dessen Spitze jedoch nur mit Genehmigung erklommen werden darf (siehe Kasten). Der **Parque Nacional del Teide** ist ein ideales Wandergebiet. Schon die Anfahrt vom Meer bis hoch zu den wilden Cañadas ist ein Erlebnis für sich. Wer aus dem Nordosten anreist, findet in El Portillo den Eingang in die Wunderwelt, von Westen und Süden ist der Pass namens Boca Tauce das Entree. Entlang der TF 21, die den Nationalpark durchquert, gibt es inzwischen reichlich Parkplätze, viele mit ausführlichen Informationstafeln. So werden motorisierte Urlauber auch ohne Wanderungen über diese wunderbare Hochgebirgsebene genauestens unterrichtet.

Genehmigungen: Altavista-Hütte und Teidegipfel
Im renovierten **Refugio de Altavista** gibt es 60 Schlafplätze (je € 20). Voranmeldung und Platzreservierung ist unbedingt erforderlich bei Teleferico (Calle San Francisco 6, 4. Stock, Santa Cruz, Tel. 922 01 04 40, www.telefericoteide.com). Im Winter ist die Hütte geschlossen. Die kostenlose Genehmigung für die Gipfelbesteigung gibt es gegen Vorlage einer Ausweiskopie bei der **Oficina Parque Nacional del Teide** (Calle Emilio Calzadilla 5, 4. Stock, Santa Cruz, Tel. 922 29 01 29 und 922 29 01 83, Mo-Fr 9-14 Uhr). Ohne „Permiso" ist das Gipfelerlebnis nicht zu haben, pro Tag gibt es 50 Scheine. Zur selben Zeit dürfen sich nur zehn Gipfelstürmer auf der Bergspitze aufhalten – im Interesse des Umweltschutzes.

Vom Orotava-Tal ins Gebirge

Urlauber, die rund um Puerto de la Cruz Station machen, wählen den Weg über **La Orotava**. Dieser Ausflug bietet die Möglichkeit, den typischen botanischen Aufbau des nördlichen Teneriffas kennenzulernen: von der Zone der Sukkulenten, der Dickblattgewächse, bis zum Wasser sammelnden Kiefernwald zwischen 1.000 und 2.000 Metern Höhe (siehe Gut zu wissen, S. 120). Wenn es die Passatwolken zulassen, öffnet sich zunächst in einer kurvenreichen Fahrt ein imposanter Blick auf das grüne Orotava-Tal, eine große, zehn Kilometer breite Senke, die sehr fruchtbar ist aber auch immer stärker zersiedelt.

Eine Rose aus Basalt

Der Weg von La Orotava nach Aguamansa und zur Caldera de Pedro Gil ist im Kapitel Orotava und Umgebung (siehe S. 47) beschrieben. Auf der Weiterfahrt steht zwischen Kilometer 22 und 23 links vor einer Kurve ein gewaltiger Basaltblock, **Piedra la Rosa** genannt, weil er wie eine riesige versteinerte Nachbildung einer Rose aussieht. Der Parkplatz befindet sich hinter der Kurve rechts. Kinder reizt es, gleich über die Straße zum Basaltwunder zu rennen. Stopp! Hier rasen die Tinerfeños wie wild in die Kurve. Deshalb wurde ein Fußweg unter der Straße zur Basaltrose gegraben.

Stopp am Mirador

Auf der Weiterfahrt sind viele Parkplätze zu finden, von denen aus zahlreiche Wanderwege die Landschaft erschließen. Einige der Aussichtsplätze, der Miradores, bieten nicht nur freien Blick bis auf die sattgrüne Ebene mit Palmen und Bananenplantagen, sondern auch auf die schroffen Hänge mit alpiner Flora. Und manchmal zeigt sich sogar El Teide zwischen den Ästen der hohen Kanarenkiefern. Am Ende der Straße liegt El Portillo, nicht mehr als ein Restaurant, der Eingang in den Park. Nach kurzer Fahrt

Informationszentren

*Nur eine Straße verbindet die beiden Eingänge in den Parque Nacional Las Cañadas del Teide miteinander, etwa in der Mitte befindet sich die Seilbahn. Beide Seiten verfügen über ein Informationszentrum mit Museum. Im Norden hinter El Portillo liegt das **Centro de Visitantes** (tgl. 9.15-16 Uhr) mit Experimenten, einem Film, in dem der schlafende Gott Guayota die Entstehung der Insel erklärt, sowie einem Botanischen Garten mit den Pflanzen des Parks (mit Kinderwagen begehbar). Ab hier starten Führungen um 9.15 und 13 Uhr, Ziele sind u.a. Arenas Negras (2,5 Stunden), La Fortaleza und Risco Verde (3,5 Stunden). Das **Centro de Visitantes Cañada Blanca** neben dem Parador Nacional (tgl. 9.15-16.15 Uhr) zeigt Ausstellungen zum Thema Mensch und Cañadas (2010 noch im Umbau). Hier starten Führungen um 9.30 und 13 Uhr. Ziele sind u.a. Roques de García (2 Stunden) und der Aufstieg auf den Guajara (6 Stunden). Ein Besuch ist wichtig, um Grundkenntnisse über das Naturerlebnis zu sammeln. Alles ist für Kinder verständlich. Außerdem gibt es Informationsbroschüren für Wanderungen, die ohne Führer gemacht werden (Infos: Tel. 922 29 01 29 u. 922 29 01 83)*

Blume oder Faust? Basaltfelsen in verschiedensten Formen regen die Fantasie an

steht rechts das Centro de Visitantes, das vor der Weiterfahrt in den Park besucht werden muss (siehe Kasten S. 70).

Durch den Esperanzawald

Wer im Nordosten der Insel wohnt, im Bereich **Bajamar**, **Tegueste**, **La Laguna oder Santa Cruz**, wählt für den Besuch des Teide-Gebiets die Straße durch den **Esperanza-Wald**. Südlich von La Laguna muss an dem etwas verwirrenden Kreisverkehr die TF 24 gesucht werden, sie wird durch einen Wegweiser zur Ortschaft La Esperanza (7 Kilometer) markiert. Kaum merklich steigt die Straße an, in La Esperanza haben wir schon eine Höhe von 850 Metern erreicht. Hier ist es ziemlich frisch, im Winter auch regnerisch. Deshalb tragen heute immer noch ein paar Einheimische einem Pon-

cho ähnelnde, dicke, lange Umhänge aus Schafwolle, die einst die Hirten trugen. Am Ende des Ortes riecht es verführerisch nach Gegrilltem aus einem der Fleischrestaurants. Gigantische Eukalyptusbäume mit verwitterter Rinde säumen die Straße. Die Luft duftet nach den typischen ätherischen Ölen. Der Eukalyptusbaum gehört jedoch nicht zu den einheimischen Inselpflanzen. Er wurde in den 1930er-Jahren angepflanzt, um die Malariasümpfe rund um La Esperanza trockenzulegen. Wer eine Grillpause einlegen oder im Wald sich die Füße vertreten möchte, sollte am Ende der Ortschaft links Richtung Las Raices und Machado abbiegen. Nach zwei Kilometer geht die Asphaltstraße rechts hoch, Stopp ist vor einem ausgedehnten Grillplatz mitten im Wald.

Miradores mit Stopp-Zwang

Auf dem Weg durch den Esperanza-Wald lohnt es sich, mindestens an einigen der Aussichtspunkte, der Miradores, zu halten. Zuerst am Guckplatz **Montaña Grande** in 1.120 Metern Höhe. Rundum brannte 1995 der Wald komplett ab, doch die zähen Kanarenkiefern haben wieder ausgeschlagen, versperren teilweise sogar den Blick auf Santa Cruz und La Laguna sowie rechts auf die Siedlung Puerto de Güímar. Spätestens am Forsthaus Las Lagunetas (1.380 Meter), Ausgangspunkt vieler Wanderwege, wird die Sicht etwas trüb und taucht das Auto in die Passatwolke ein. Vor dem Aussteigen sollte man die Jacke anziehen, in der Wolke ist es kühl und feucht. Etwa sechs Kilometer weiter oben geht die TF 523

Der Putsch-General

*Das leicht ramponierte Denkmal in Las Raices erinnert an den Putsch-General Franco, dessen Anschlag auf die Republik hier ihren Ausgang nahm. An dieser Stelle versammelte **Francisco Franco**, damals Generalstabschef der Kanarischen Inseln, seine Getreuen um sich und rief zur „Nationalen Erhebung" auf, die sich zum dreijährigen Spanischen Bürgerkrieg ausweitete. Von Franco stammt auch der Name des weiter unten liegenden Ortes: Esperanza – die Hoffnung. Heute dient der Obelisk als Protestfläche gegen die Fremden und gegen das Spanische Festland. „Godos fuori", raus mit den Goten, heißt es. Die Kanaren sind eben doch nicht Spanien.*

nach Osten abwärts, 20 Kilometer sind es bis Güímar. Auf 1.600 Metern beim **Mirador de Ortuño** ist das feuchte Gewölk bereits überwunden. Dann bietet sich der erste direkte Blick auf den im Winter mit Schnee bedeckten Teide, bei guter Sicht sogar rüber zur Nachbarinsel La Palma. Die dort aufgestellte Schautafel bietet interessante Einblicke in die Entwicklung des für die Wasserversorgung so wichtigen Kiefernwaldes: In der Guanchenzeit, also vor der Conquista, der Eroberung, bildete der Wald zwischen 1.000 und 2.000 Metern Höhe einen geschlossenen Kreis rund um die Insel. Mit der Besiedlung durch Landwir-

Die Tajinaste, der „Stolz Teneriffas", vor dem majestätischen Teide

te aus Spanien und anderen Ländern sowie dem Bau von Dörfern und Städten begann die planlose Abholzung. Auch heute ist der Kreis noch nicht wieder geschlossen, die Regierung bemüht sich, den alten Zustand wieder herzustellen.

Mit dem Luft-Lift nach oben

Spannende Informationen gibt es auch am **Mirador Ayosa** auf 1.950 Metern Höhe, wo der Blick über das Orotava-Teil, zum Teno-Gebirge und bis zur Nachbarin La Palma schweift. Hier ist der von der Atlantikküste aufsteigende Luftstrom hautnah zu spüren. In seinem Sog lassen sich Vögel und Insekten bergwärts treiben. Ganz schlau nutzt der blaue Schmetterling Manto de Canarias – er lebt nur hier – den natürlichen Lift. Er legt seine Eier oben in den Cañadas an die Blätter des Sprossenden Zwergginsters oder des Dreiblütigen Geißklees. Die Raupen ernähren sich vom Saft, verpuppen am Strauch, und sobald der fertige Schmetterling die Puppenhülle verlässt, sinkt er talwärts und begibt sich auf Brautschau.

Wer ruft denn da „Zizi zirr"?

Bald nach dem Ortuño-Ausblick lohnt ein Stopp beim Aussichtspunkt **La Crucita**. Vorsichtig parken, der Platz ist noch nicht ausgebaut! Weit unten liegt die Ostküste. Am Berghang breiten sich Arafa und Güímar aus, gleich unter dem Balkon schaut man in die Caldera de Pedro Gil, den Krater eines erloschenen Vulkans. Aus den Zweigen der Kanarenkiefer hört man das „Zizi zirr" der zierlichen Blaumeise. Bei etwas Geduld zeigt sie sich sogar in ihrem blau-gelben Gewand mit weiß gerahmtem Kopf.

> ### Die Wege zum Teide
> *Rüstige Wanderer nehmen den Berg von der Montaña Blanca oder von El Portillo aus und übernachten in der Altavista-Schutzhütte (3.260 Meter, Platzreservierung siehe Kasten S. 69). Die meisten nutzen die Seilbahn, den **Teleférico** (9-16 Uhr hoch, 9-17 Uhr abwärts, Erw. € 25, Kinder unter 14 J. € 12,50, einfache Fahrt die Hälfte). Bei starkem Wind oder Schneefall wird der Betrieb eingestellt. Wartezeiten gibt es, weil sich nur 150 Personen auf dem Areal der oberen Station aufhalten dürfen. Die maximale Aufenthaltsdauer beträgt eine Stunde. In 3.555 Metern Höhe ist es kalt, unbedingt einpacken: Jacke, Mütze und festes Schuhwerk. Denn ohne sind auf der Rambleta nicht einmal die zwei 600 und 700 Meter langen Spaziergänge zum Mirador de la Fortalezza im Osten oder zum Blick auf den Pico Viejo im Westen zu schaffen. Die letzten 163 Meter bis zum Pico del Teide (3.718 Meter) sind nur mit Genehmigung erlaubt.*

Aber bitte mit Sahne...

Faszinierend erscheinen bei der Weiterfahrt die bizarren Felswände. Vor Kilometer 32 verengt sich die Straße, links und rechts ragen steile Wände auf. Hier ist wie nirgendwo sonst auf der Insel eine verschiedenfarbige geologische Formation aus mehreren vulkanischen Ascheschichten zu sehen. Die Ablagerungen werden La Tarta genannt, die Torte. Sogar die weiße Sahnehaube fehlt auf diesem Naturwunder nicht (großer Parkplatz oberhalb). In 2.386 Metern Höhe, auf dem Bergrücken, führt ein Weg nach links zum astrophysikalischen **Observatorium von Izaña**, eine der wichtigsten Beobachtungsstationen von Sonne, Mond und Sternen, auch mit deutschem Institut [Besuche April-Dez Do, manchmal auch Mi 10-12 Uhr, Voranmeldung Tel. 922 60 52 07, www.iac.es]. Sechs Kilometer westlich der Sternwarte erreicht man schließlich El Portillo und ein Stück hinter der Kreuzung das Centro de Visitantes (siehe Kasten S. 70).

Vom Westen in die Cañadas

Wer von **Los Gigantes** bzw. **Puerto de Santiago** die Bergwelt besuchen will, fährt nach Chío und wählt kurz vor dem Ort die TF 36, die bergwärts in die Zona recreativa führt, in die Schatten spendende Region der Kiefern. Bei Los Poleos in 1.482 Metern Höhe ändert sich die Landschaft schlagartig: Dort formten die Vulkane bizarre Gebilde. Kerzengerade durchschneidet die Straße später die gewaltigen Bahnen der Lava. Am **Mirador de Chío** informiert eine Tafel über die Welt der Vulkane. Über den Miniaturkratern Narices del Teide erhebt sich der Pico Viejo. Nicht er, sondern die weiter Richtung Teide liegenden Vulkane der Lavas Negras waren es, die 1706 Feuer und Asche spien, deren glühende Lava bis hinab nach Garachico floss und die Hafenstadt fast völlig unter sich begrub (siehe Tour 5, S. 54). Die erste Etappe ist bald erreicht: Boca del Tauce.

An diesem Pass führt die TF 21 Richtung Teide. Kurz nach der Kreuzung wurde ein Parkplatz angelegt. Eine Schautafel erläutert den Aufbau der Landschaft.

Über Vilaflor in die Bergwelt

Urlauber, die aus dem Süden kommen, finden verschiedene Straßen, die Vilaflor erreichen. Kürzer und kurvenreich ist die durch den Ort **Arona**, abwechslungsreicher und länger die TF 28, vorbei am Mirador de la Centinela, an San Miguel, die vor **Granadilla** (siehe Tour 7, S. 64) in die nordwärts gehende TF 21 mündet. Auf beiden Strecken wird die terrassierte Landschaft immer gewaltiger. Viele kleine Parzellen sind nicht mehr bewirtschaftet. Kleine Bauern begnügen sich

Zu viele Nadelstiche

Als auf der Insel noch viele Kleinbauern Kiefernnadeln als Stallstreu aus den Wäldern holten, war alles in Ordnung. Wurde die Streu zu Mist, diente sie als Dung für die Terrassen. Außerdem waren Kiefernnadeln eine gute Füllung für Matratzen, auch zum Räuchern von Fleisch und Käse wurden sie genutzt. Die Kleinbauern sterben aber aus, viele Terrassen veröden. Deshalb müssen jetzt Waldarbeiter dafür sorgen, dass der Waldboden vom Überschuss gereinigt wird. Denn zu viele Kiefernnadeln schaden dem Boden, der Durchlässigkeit des Regens und damit der Wasserversorgung der Insel.

mit etwas Viehhaltung. Mitunter begegnet man ihnen, wie sie ein mit Kiefernnadeln beladenes Maultier treiben. Da es hier wenig Stroh gibt, werden die Nadeln als Stallstreu verwendet. Doch die immer weniger werdenden Kleinbauern sind ein Problem für den Nadelwald (siehe Kasten S. 74). **Vilaflor**, das höchstgelegene Dorf der Insel (1.400 Meter), zählt mit seiner Blumenpracht zu den schönsten Orten auf Teneriffa. Die Landflucht wurde hier gestoppt, Landwirtschaft und Blumenzucht, auch Obst- und Weinanbau lohnen sich bei den größeren Betrieben wieder. Einige alte Frauen stellen noch die volkstümlichen Rosetas her, eine filigrane Spitzenarbeit. Wer solche Deckchen mag, kann sie hier preiswert erwerben. Der Ort hat auch viele Restaurants, ebenso mehrere Möglichkeiten zur Übernachtung und ist daher besonders bei Wanderern hoch geschätzt.

Vilaflor ist das höchstgelegene Dorf der Insel, und eines der schönsten

feños kein Wochenende vorstellen können. Die Regierung hat die Plätze ausgebaut und mit Grillstellen ausgestattet, damit wilde Feuerstellen vermieden werden. Auch ein kleines Restaurant steht in Las Lajas für jene bereit, die kein Grillfleisch mitgebracht haben.

Durch die Wälder in die Berge

Das Wahrzeichen des Städtchens ist die **Montaña de Chasna** mit dem Berg Sombrerito (2.411 Meter). Aus seinem Inneren sprudelt das beste Mineralwasser der Insel. Oberhalb des Ortes beginnt der Kiefernwald. Bei Kilometer 67 liegt der **Mirador del Pino Gordo**. Beeindruckend sind die höchsten Kiefern der Insel, der 45 Meter hohe Pino Gordo, mit neun Meter Umfang, sowie die Pinos de las dos Pernadas, ein verzaubertes Liebespaar, Guanchen-Prinzessin und Hirte, durch eine Fee gerettet.
Ein paar Kilometer auf der Hauptstraße weiter, etwa acht Kilometer oberhalb von Vilaflor, mitten im Wald, liegt die Zona recreativa **Las Lajas**, einer der vielen Erholungsplätze, ohne die sich die Tiner-

Wer spricht Hawaiisch?

Schließlich erreicht man den **Boca del Tauce** (2.055 Meter). Hier öffnet sich der Pass und gibt den Blick auf die Cañadas und den Teide frei. Die TF 21 von Vilaflor trifft auf die TF 36 aus Chío. Am Parkplatz wird für die aus dem Süden kommenden Urlauber die erste Lehrstunde zur Vulkanwelt geboten, beispielsweise über die zwei Lavaböden aus der Hawaii-Sprache: Der Typ „paho-hoe" bedeutet, man kann barfuß drüberlaufen, der Typ „aa" ist spitz und uneben, wer es barfuß wagt, schreit vor Schmerz „aa". Sind kleine, des Lesens noch nicht mächtige Teilnehmer dabei, nichts verraten! Sie sollen die lustigen Zeichnungen betrachten und dann ihre Deutungen erzählen.

Ein zierlicher Schuh

Bei der Weiterfahrt nach Osten ist rechts ein merkwürdiger Fels, das hochhackige Zapatilla de la Reina (Schühchen der Königin) zu sehen. Dann gelangt man linkerhand zur flachen Ebene des **Llano de Ucanca**. Vor der gewaltigen, von gezackten Bergen eingerahmten Kulisse wurden schon viele Western gedreht. Wo die Straße von hohen Felswänden begrenzt wird, ragen die Azulejos empor, eisenhydrathaltige, blau und grün schimmernde Felsen. Weiter oben liegt rechts der **Parador Nacional**, dessen Bar tagsüber für jedermann geöffnet ist. Hotelgäste, die inmitten dieser Zauberwelt schlafen, erleben einen Traum: Son-

Gut essen und Spitzen kaufen

Zu einem tinerfeñischen Essen gehören Potaje (kanarischer Eintopf), Kaninchen, gebeiztes Hähnchen, Lomo (geräucherter Schweinerücken) sowie Papas arrugadas mit Mojo. Diese Spezialitäten gibt es in der **Casa Chico** *(Calle Santa Catalina 15, Tel. 922 70 90 52, Di-So 12-15 u. 19-22 Uhr) und bei* **German** *(Calle Santa Domingo 1, Tel. 922 70 90 28, Di-So 12-15 u. 19-22 Uhr) in Vilaflor. Wer ein Souvenir kaufen will, findet Stickereien, speziell Rosetas und Calados in der* **Casa Delfina** *(Calle Santa Catalina 33, tgl. 10-12 und 16-19 Uhr) und* **Artesania La Roseta** *(Calle Hermano Pedro 34, neben der Kirche, Tel. 922 70 90 13, tgl. 10-12 und 16-19 Uhr).*

In Liebe vereint: die verzauberten Pinos de las dos Pernadas (siehe S. 75)

nenuntergang und Sonnenaufgang in den Cañadas. Neben dem Parador gibt es Informationen im Centro de Visitantes (siehe S. 70). Wer den Genuss der Vulkanlandschaft auf die Spitze treiben möchte, sollte im Parador Nacional de Cañadas del Teide übernachten (siehe Unterkünfte, S. 114). Zum Sonnenuntergang findet man sich an den Roques de Garcia ein und erlebt, wie das Gestirn hinter dem Llano de Ucanca, einer weiten Ebene, untergeht. Der Morgen verspricht einen unvergesslichen Wandertag, vor allem, wenn eine Tour durch die Cañadas geplant ist (siehe Tour 9, S. 77).

Tour 9: Die Cañadas, auf dem Weg der Guanchen

Cañada Blanca • Piedras Amarillas • Los Roques del Agua • Parador

Wo: im Cañadas-Gebiet am Fuß des Teide, Wie: zu Fuß, Dauer: etwa 4 Stunden reine Gehzeit, Nicht vergessen: derbes Schuhwerk, Wanderstöcke, Windjacke, Kopf- und Nackenschutz, Sonnenschutz, kleiner Imbiss, Wasser, Kamera, Fernglas, Handy

Für Wanderer gibt es viele Möglichkeiten, die Vulkanlandschaft des Naturparks zu durchstreifen. Sehr beliebt ist es, den Wegen zu folgen, auf denen die Guanchen und später andere Hirten ihre Ziegen trieben. Das sind die **Siete Cañadas**, die sieben „Weidewege der Wanderherden", auch mit Hohlweg oder Engpass zu übersetzen. Eine Tour vom Parador Nacional zum Besucherzentrum El Portillo ist 15 Kilometer lang, reine Wanderzeit bis fünf Stunden. Wir stellen aber eine kürzere Rundtour durch die Lavafelder vor, sie ist auch für gehfreudige Kinder geeignet und für Autofahrer, die ohne Busfahrplan (siehe Kasten) im Lavagebiet umherstreifen wollen, ihr Auto also bei den Roques de Garcia oder gegenüber beim Parador abstellen. Eine bizarre Landschaft aus Lava, Basalt, Obsidian und Bims erwartet seine Bewunderer. Allerdings: Die Wanderwege befinden sich in zirka 2.200 Metern Höhe. Hier ist die Luft dünn, also schön langsam und tiiiiiief durchatmen.

Busanschluss

Wer sein Auto am Parkplatz beim Parador stehen lässt und die große Tour wählt, also alle sieben Cañadas abwandern will, muss genau kalkulieren, damit er mit dem Bus zum Parador zurückgebracht wird. Fünf Stunden Wandern plus eine Stunde für die Vegetation, die bewundert und fotografiert werden will, heißt, um 9 Uhr zu starten, um den Bus von El Portillo zum Parador um 15.15 Uhr zu erwischen (Weiterfahrt nach Las Americas und Costa Adeje). Es geht auch umgekehrt: Start in El Portillo um 10 Uhr, Rückfahrt vom Parador mit dem Bus um 16 Uhr (über El Portillo weiter nach Puerto de la Cruz). Wer alles mit dem Bus machen will, startet in Puerto de la Cruz mit Nr. 348 um 9.15, in Costa Adeje mit Nr. 342 um 9, in Playa de las Americas um 9.15 oder in Los Cristianos um 9.30 Uhr.

Start der Rundwanderung

Mit einem Teil des Wanderwegs Nr. 4 „Siete Cañadas" beginnt am Besucherzentrum **Cañada Blanca** neben dem Parador der Rundweg. Es geht zunächst in Richtung Alto de Guajara (2.712

In den Piedras Amarillas spiegelt sich die Abendsonne

senkt sich eine kleine Schwemmebene ab, an ihren Rand hat ein Vulkan einen schwarzen Basaltbrocken hingeworfen. In den Lüften rüttelt ein Turmfalke, so sagt man, wenn er in der Luft steht. Kommt man den Zwillingen näher, sieht man ihre Zusammensetzung aus Platten und Quadern. Hier passieren die Wanderer die Cañada de la Mareta, erkennbar an einer zweiten, großen, mit Retama-Büschen bewachsenen Schwemmebene. Nach der Schneeschmelze bildet sich

Meter) durch kanarisches Gestrüpp und über kleine Felsen. Am Hauptweg angekommen, zielen die Wanderer links auf das steinerne Wächterhaus mit einer Schranke (Einfahrt nur für Parkwächter).

Die ersten Engpässe

Als erstes Steinwunder steht rechts die mehrfarbige Felsgruppe **Piedras Amarillas**, die vorwiegend gelben Felsen sind durch hydrothermische Vorgänge getönt. Hinter den Felsen lugt wieder der mächtige Guajara (2.717 m) hervor, Teil der vom Urvulkan übrig gebliebenen Mauer, die das Gebiet der Caldera umgibt. Dann geht es auf breitem Weg hoch. Wie von einem Balkon sind links der Parador, die Roques de García und der Teide zu erblicken. Wo sich der Weg in einer leichten Rechtskurve verengt, passiert man die Cañada del Capricho.

Nun geht es abwärts, weiter vorne als zwei steinerne Wächter die Vulkankamine der **Roques del Agua**, im Volksmund auch Gemelos, Zwillinge, genannt. Links

---

Speisen in den Lavafeldern

*Am Parkeingang El Portillo bietet **El Portillo** das Tagesmenü für € 12 (Suppe, Hähnchen, Papas, Nachtisch, Brot, Wein). Innerhalb des Parks bei **Teide** kostet ein Tagesmenü € 12,40, das Kindermenü € 6,50 (Spiegelei, Pommes, Brot, Getränk). In der **Cafeteria Los Roques** (beim Parador) gibt es reichlich gefüllte Sandwiches, ein Wanderer-Menü für € 10. Wer auf beste Küche wert legt, geht ins stilvolle Restaurant **Teide im Parador Nacional** (ab 13.30 bis 22 Uhr). Die Spezialitäten: Puchero Canario (Gemüse-Fleisch-Eintopf), Conejo al salmorejo (Kaninchen in Beize), Cabra (Zicklein-Gulasch). Die Preise sind etwas gehoben, aber die Portionen sehr groß. Wanderer bzw. Ausflügler sollten sich zum Abendessen anmelden (Tel. 922 38 64 15), weil Hotelgäste den Vorzug haben.*

Wer kann gut schätzen?

*Es geht darum, die unterschied-
liche Dichte, das unterschiedli-
che Gewicht gleich großer in der
Landschaft verteilter Brocken zu
prüfen. Mama oder Papa spielt
Schiedsrichter und sucht je
einen schwarzen, grauen, rötli-
chen oder braunen Brocken,
also pure oder gemischte Steine
aus Lava, Basalt, Obsidian oder
Bims. Jeder darf schätzen, wel-
cher Stein der schwerste, wel-
cher der leichteste ist, und dann
in die Hand nehmen. Psst, warten bis die nächsten schätzen!*
Auflösung:
*1. Der helle, graue bis hellbrau-
ne Tuff ist der leichteste.
2. Die rotbraune bis dunkel-
braune Lava ist mittelschwer.
3. Der dunkelblaue bis tief-
schwarze Basalt oder Obsidian
ist am schwersten.
(Steine in der Größe von zwei
Männerfäusten wiegen ca.
500, 900 und 1.400 Gramm.)*

Echo kommt vielfach zurück. Mit guten Augen oder dem Fernglas entdeckt man auf dem Bergkamm Jäger mit ihren Podencos, den schlanken, kanarischen Jagdhunden. Die Kaninchenjagd in den Cañadas ist wichtig, die Tiere vermehren sich stark und schaden der sensiblen Pflanzenwelt. Vulkansteine aller Farben und Dichten säumen den Pfad. Interessant ist ein kleines Wettspiel (siehe Kasten). Gleich danach versperrt eine Metallschranke den Weg, Umleitung über kleine Felsen. Die Schranke ist die Grenze für Jäger und Imker. Nur bis hierher und nur mit Sondergenehmigung dürfen sie zur Jagd- und Erntezeit in den geschützten Nationalpark fahren.

Vorsicht vor der Biene Maja
Zehn Minuten nach Beginn des Wegs Nr. 16 geht es an einer Gabelung nach rechts. Der linke Weg, wie auch noch andere mit grünen Warntafeln (siehe Bild S. 80) gekennzeichnete Abzweigungen, führt zu Bienenstöcken, die hier

hier ein See. Am Ende der Senke führt der Weg in weitem Bogen nach links, dann ein Stückchen geradeaus. Der Weg Nr. 4 wird jetzt verlassen. Links lädt eine grüne Tafel ein, den Weg Nr. 16 „Santuario" zu wagen. Die Lösung, weshalb mitten im kargen Lavafeld ein Sanatorium Namensgeber ist, kommt später.

Jäger und Podencos
Auf dem elf Kilometer langen Rundweg knallt es im Herbst gelegentlich, und das

Festlich speisen kann man im Parador Nacional (siehe Kasten S. 78)

von Frühjahr bis Herbst aufgestellt werden. Auch wenn die Warnung mit einer lächelnden Biene Maja verziert ist, sollte man besser nicht in die Nähe der Colmenas kommen. Schon manche Neugierigen haben schmerzliche Erfahrungen gemacht. Besser genießt man die faszinierende Verbindung aus verbranntem Stein und grüner Botanik (siehe Kasten).

Rastplatz Sanatorium

Etwa 15 Minuten nach der Gabelung biegt der Weg nach rechts ab, und gleich führt eine Spur nach links zu einer aus Lavasteinen gebauten Mauer, dahinter befindet sich ein großer Platz. Er ist von verlassenen, aber gut erhaltenen Steinhütten umrahmt. Früher war es ein Sanatorio, eine Station für Lungenkranke, die in der reinen Luft der Cañadas Heilung suchten. Heute können Wanderer eine gemütliche Rast einlegen: Zeit für ein kleines Picknick! Zurück auf dem Hauptweg geht es in weitem Bogen nach links, vorbei an einem verfallenen Gehöft. Auf der rechten Seite sind am Horizont die weißen Kuppeln des Observatoriums von Izaña zu erkennen, geradeaus die Montaña Blanca, halblinks der

Achtung: Biene Maja kann hier schmerzhaft zustechen

Pflanzen am Wegesrand

Auffallend ist der häufig vorkommende Teideginster, der Retama del Teide (siehe S. 120) und die Teide-Rauke (siehe S. 120). Im Mai/Juni sprießt hier oben Wildprets Natternkopf, die Tajinaste (siehe S. 121). Violett leuchtet der Teidelack, auch Besen-Schöterich genannt, strahlend weiß die Büsche der kleinblütigen Teide-Margerite. Grün sind die Schwänzchen des Codeso de Cumbre, des Klebrigen Drüsenginsters, dunkelviolette Blüten reihen sich in Etagen um den Trieb der Teide-Katzenminze.

Teide, der ab hier den weiteren Weg überwacht. Wo der Pfad durch hohes Lavageröll nach links abbiegt, zieht sich ein wilder, tiefer Barranco den Weg entlang, die Schlucht endet in einem weiten Kessel. Nach einer Steigung, wieder auf der Geraden, fällt auf der linken Seite ein rundes ummauertes Areal auf. Es handelt sich um Los Aljibes, ein für die Hochebene wichtiges Wasserreservoir. Nun wird die Welt der wilden Lavawunder immer schriller. Erstarrte Gestalten aus der Unterwelt, mal lustig mal furchterregend, Tiergestalten, Teufel und Titanen. Die Kraft des Magmas als Dirigent einer urtümlichen Kunstrichtung. Schließlich erstarrt die Lavalawine aus dem Schlund der Montaña de la Cruz zu einer drohenden Mauer und stoppt gerade noch direkt vor dem Wanderpfad. Will sie weiterströmen?

Am ehemaligen Sanatorium kann man wunderbar picknicken

Ausgebleichte Kamelknochen

Ein Glück, hier biegt unser dritter Abschnitt nach Süden ab, Flucht in Richtung Parador. „Majúa" heißt der Wanderweg Nr. 19. Seinen Namen erhielt er von der Montaña Majúa, die sich gleich auf der linken Seite auftürmt, ein Berg senffarbener Lavakörner, die wie Weizen aussehen, reckt sich in den blauen Himmel. Die früher recht abenteuerliche Route wurde gezähmt, mit Lavasteinen begrenzt. In der ersten Hälfte führt sie durch ein Bachbett, das sich bei starkem Regen füllt. In diesem Fall lieber die nahe Asphaltstraße aufsuchen!

Weit vorne steht der stattliche Guajara. Er gibt jetzt nach dem Teide die Richtung an. Die Steine auf dem Wanderweg Nummer 19 sind durch Mineraleinschlüsse lila gefärbt, im Wadi liegen abgestorbene, gebleichte Retama-Äste. Sie sehen ein bisschen aus wie die Knochen toter Kamele. Retama-Büsche haben sich an das Bachbett herangerobbt und versperren oft den Wanderweg. Einige mit bis zu sechs Metern Durchmesser liegen abgestorben auf dem Lavafeld, daneben steht schon der sattgrüne Hijo, der Nachwuchs. Heuschrecken fliegen erschreckt davon, zeigen ihre wunderbaren hellblauen Unterflügel. Schon wieder das helle „Kikiki" eines Turmfalken, der auf einer Felsenspitze sitzen bleibt.

Sorglos zum Ziel

Eine Senke ist aufgefüllt mit sattgrünen Teppichen des Retama del Teide, des Teideginsters, dessen weiß- oder rosafarbene Blüten im Sommer die Luft mit süßem Duft erfüllen. Der Weg ist angenehm weich, mit feinstem Vulkansand belegt. Erst nach einer Weile merkt man das harte Training für die Wadenmuskeln. Endlich kommen die Roques de García als Wegweiser in Sicht, etwas später auch das Endziel, der **Parador**. Angenehm ist, dass sich die Wanderer sorglos der zerklüfteten Landschaft widmen können. Der Pfad ist gut geführt, keine Abzweigung verwirrt. Auf dem Majúa-Trip zählen nur der Guajara, der Wächter, die Wildnis, der Weg und der Wanderer.

Tour 10: Besuch beim kleinen Schwesterchen

La Gomera mit San Sebastián • Hermigua • Agulo •
Parque Nacional de Garajonay

Wo: westlich von Teneriffa - Wie: mit der Fähre, ein Stück zu Fuß - Dauer: Tagesausflug - Nicht vergessen: regendichte Windjacke, feste Schuhe, Kopfbedeckung

Von Teneriffas Westküste aus kann man La Gomera sehen, das Haupt meist mit einer dicken Passatwolke bedeckt. Hört man den Leuten zu, erzählen sie voller Ehrfurcht von bis zu 800 Meter tiefen Schluchten, vom gespenstischen Regenwald und der einzigartigen Pfeifsprache. Das macht neugierig, und der Besuch wird leicht gemacht: Jeden Tag um 9 Uhr, sonntags eine halbe Stunde früher, fährt die Express-Fähre der Firma Fred.Olsen rüber. Gäste aus Santa Cruz und Puerto de la Cruz werden kostenlos zum Hafen befördert. Beim ersten Besuch der Nachbarinsel sollte man sich praktischerweise einer Agentur anschließen, die ihre Gäste vom Hotel abholt, den Bus im Schiffsbauch unterbringt und auf La Gomera die Straßen ein großes Stück kurvenreich bezwingt. Wer sich selbstständig auf der „Insel des Kolumbus" bewegen und das ganze Eiland entdecken will, bekommt günstige Tarife für Auto und Besatzung (siehe Kasten). Nur 35 bis 50 Minuten dauert die Überfahrt, dann kann das große Abenteuer beginnen.

Mit Bus, Fähre und Auto nach La Gomera

*Für die Bustour ausgewählt und geprüft wurden **Atlantic Dolphin Travel** (Centro Comercial Terranova, Local 208, Costa Adeje, Tel. 922 71 66 45, www.atlanticoexcursiones.com, hin und zurück mit Abholung am Hotel und Mittagessen Erw. € 60, Kinder 2-11 J. die Hälfte). **Fred.Olsen Express** (am Hafen, Los Cristianos, Tel. 902 10 01 07, www.fredolsen.es, Hin- und Rückfahrt für 2 Erw. und 2 Kinder bis 11 J. ca. € 150, Hin- und Rückfahrt für Auto mit 2 Erw. und 2 Kindern bis 11 J. ca. € 220, nach Sonderangeboten fragen).*

Der Brunnen von Christoph Kolumbus

Die unter und auf einer Felswand gebaute Inselhauptstadt **San Sebastián** ist erreicht. Hier hielt sich im Jahr 1492 Christoph Kolumbus vier Tage lang auf seiner ersten Entdeckungsreise auf. Augenzwinkernd wird erzählt, er habe seine Nächte im Festungsturm, der Torre del Conde, bei der schönen Beatriz de Bobadilla verbracht. Die Herrin der Insel war frei, weil ihr Gatte Hernán de Peraza nach einem Techtelmechtel mit der attraktiven Guanchin Iballa von einem Guanchen-Krieger mit einem Speer durchbohrt wurde. Jedenfalls versorgte sich Kolumbus auf La Gomera mit Lebensmitteln und Wasser. Der Brunnen ist noch immer im Alten Zollhaus zu besichtigen, Zugang durch die dort untergebrachte **Touristenauskunft** [Calle Real 4, San Sebastián, Tel. 922 87 02 81, Mo-Sa 9-13.30 u. 15.30-18, So 10-13 Uhr, Eintritt frei].

Vier Millionen Jahre Erosion

Bei der Tour über die Insel erfährt man, weshalb das Eiland mit derart tiefen Schluchten versehen ist: Im Gegensatz zu anderen kanarischen Inseln fanden auf La Gomera in den letzten vier Millionen Jahren keine Vulkanausbrüche mehr statt. Die Erosion trug mit Wind und Regen alle Spuren weichen Gesteins ab. Regengüsse gruben sich in die Insel ein, auch erstarrte Vulkaninhalte wurden freigelegt, indem die Erosion den weicheren Mantel abschliff. Heute sieht man nur noch den harten Inhalt der Vulkanschlote. Den ersten Blick in die Tiefe genießen die Ausflügler am Mirador de Chejelipes. Unten liegen kleine Weiler, umgeben von terrassierten Gärten mit Kartoffeln, Gemüse, Kürbissen, Papaya und Mango. Auf den Hängen tummelt sich die bekannte Kanarenbotanik, die Tabaiba mit Wolfsmilchsaft, die ihr ähnelnde Verode, die Kandelaber-Euphorbie, oft mit Kakteen verwechselt, die großen Ohren der Opuntie, Fressplatz der Koschenille-Larven, die Farbstoff abgeben für Lippenstift, Getränke und Bonbons.

Guarapo für Leckermäuler

Auf der Weiterfahrt fallen Palmenhaine auf, etwas seltsam zugeschnitten. Sie lie-

Die Fähren von Fred.Olsen starten jeden Morgen nach La Gomera

fern den überall auf der Insel angebotenen Palmenhonig, den Guarapo. Doch keine fleißigen Bienen sammeln den Saft, sondern erfahrene Palmenbeschneider. Sie kappen in der Krone nach strengen Bestimmungen einige Blätter. Nach zwei Wochen fängt die Palme an zu „bluten". Die Flüssigkeit wird über ein angebrachtes Schilfrohr in Schüsseln aufgefangen, jeden Tag ein halber Liter, und das drei bis vier Monate lang. Der wertvolle Palmenhonig ist wirtschaftlich wichtig für die Insel. Deshalb wird mit

18.000 Euro bestraft, wer die Palmen falsch beschneidet. Sie gehen dann ein. Wer ohne Genehmigung schnippelt, kommt sogar ins Gefängnis.

Schnelle Straßen

Neue Tunnels durchbohren die Berge. An anderer Stelle werden ganze Hänge abgetragen für zusätzliche, breite Straßen. Da hilft auch kein Naturschutz, La Gomera braucht ein besseres Straßennetz, um das wichtigste Exportgut schnell zum Hafen zu karren, die Bananen. Bei **Hermigua** ziehen sich die Plantagen der Südfrucht hinunter bis zum Ozean. Beim Blick auf die Playa de Hermigua fallen vier Pfeiler auf, die im Wasser stehen. Es sind die Reste des alten Bananenhafens, der wegen der starken Brandung auf dieser Inselseite nicht mehr wirtschaftlich war. Daraus resultiert der starke Straßenausbau quer über die Insel auf die stille Seite, nach San Sebastián. Hier hält der Bus am Ortsende bei den Apartments Los Telares mit einem **Museo Molino de Gofio** [Carretera General, Hermigua, Tel. 922 88 07 81, www.apartamentosgomera.com, Mo-Fr 10-16.30, Sa 10-12 Uhr, Eintritt € 2,50, Kinder bis 10 J. frei]. In der alten Gofiomühle werden auch Trachten und alte Haushaltsgegenstände gezeigt. Außerdem gibt es in der Anlage eine Artesania mit Kunsthandwerk und Produkten der Insel – natürlich auch mit Palmenhonig. Höhepunkt ist die Besichtigung des traumhaften Gartens mit Bananen, Papaya, Mango, Avocadobäumen, Zuckerrohr und tropischen Blumen. Endlich wird vom gut informierten Guide die Frage „Warum ist die Banane krumm?" beantwortet (siehe Kasten).

Blick vom Mirador de Chejelipes auf die mühsam terrassierten Felder

Warum ist die Banane krumm?

Die Bananenstaude besteht aus einem hohlen Scheinstamm, der sich aus zusammengeballten, ineinander verschachtelten Blättern bildet. Innerhalb der Wachstumszeit von rund einem Jahr schiebt sich ein Blütenstand aus dem oberen Ende der Pflanze. Er ist umgeben von violetten Hüllblättern. In ihren Achseln entwickeln sich mehrere Querreihen von Blüten. Mit der Ausbildung des Fruchtstandes wird dieser immer schwerer, der Stängel biegt sich langsam in Richtung Boden. Die aufspringenden Blüten streben aber nach oben, dem Sonnenlicht zu, mit ihnen auch ihre Stempel, aus denen sich später die Frucht entwickelt. So krümmen sich die allmählich größer werdenden Bananen ebenfalls nach oben.

Abfütterung am Fließband

Rund um den Ort **Agulo** sind die Berghänge stark terrassiert, ein grafisches Werk für den Botaniker, aber harte Arbeit für die Bauern. Nur mit der Anlage von Terrassen war es möglich, 20 Prozent der Insel landwirtschaftlich zu nutzen. Doch die steilsten Terrassen liegen inzwischen brach. Viele junge Menschen haben es satt, sich ein Leben lang krumm zu arbeiten. Sie suchen lieber Arbeit in den touristischen Zentren des benachbarten Teneriffas. So lange, bis es auf La Gomera mehr Urlauber mit längerem Aufenthalt gibt. Denn der Bustourismus bringt kaum Arbeitsplätze, nur für die Bedienung der Ausflügler um die Mittagszeit. Die Mittagspause ist übrigens meist kein kulinarischer Höhepunkt. Die vielen Busse teilen sich zwei Restaurants, bei Massenbetrieben kann nicht mehr erwartet werden, als satt zu werden. Abwechslung bringt beim „Abfüttern" die Erklärung der Pfeifsprache El Silbo.

Preiswert und deftig

Hier ein paar Einkehrtipps mit lokalen Gerichten der mittleren Preislage (satt schon ab € 10): **Bar Montaña** *(auch Casa Efigenia nach dem Namen der Wirtin, Las Hayas, Tel. 922 80 40 77, tgl. geöffnet, Spezialität des Hauses: Puchero – Eintopf aus Karotten, Kartoffeln, Kürbis, Maiskolben, Kichererbsen und Kohl, gewürzt mit Gofio und Mojo-Soße),* **Las Palmeras** *(Carretera General Alajeró, Alajero, Tel. 922 89 54 71, tgl. geöffnet, Ziegenfleisch, Brunnenkressesuppe) und* **Roque Blanco** *(Cruz de Tierno, Las Rosas, Tel. 922 80 04 83, Mo geschl., Fleischgerichte, Gemüseeintopf, mitten in der Natur). Bei* **Arure El Palmarejo** *am gleichnamigen Mirador bietet sich ein schöner Blick, dazu Fisch- und Fleischgerichte oder gebeiztes Kaninchen (tgl. geöffnet).*

Eine pfiffige Insel

Wie sollten Menschen in der Vor-Handy-Zeit kommunizieren, deren Insel von tiefen Schluchten durchzogen und wo der nächste Ort nur einige hundert Meter entfernt ist? Um ihn zu erreichen müsste man jedoch den Hang hinabsteigen, das Tal durchqueren und drüben den Berg wieder hochsteigen. Das dauert mehrere Stunden. Für Wanderer im Urlaub kein Problem. Aber für das Alltagsleben der Inselbewohner war das eine Zumutung. So erfanden schon die Ureinwohner die Pfeifsprache **El Silbo**. Die späteren Siedler übernahmen diese Form der Kommunikation, um den neuesten Tratsch, die Geburt eines Kindes oder den Tod einer Ziege mitzuteilen. Mit Einzug der modernen Technik geriet die Silbo fast in Vergessenheit. Die Einzigartigkeit der auf La Gomera beschränkten Pfeifsprache veranlasste die

> ### Test für das Riechorgan
> *Passt mal auf bei euren Wanderungen durch den Lorbeerwald und lasst euch nicht veräppeln! Ihr werdet bestimmt Leute beobachten, die sich ein Blatt abreißen und daran riechen. Sie verdrehen die Augen: „Was für ein Duft", und stecken ein paar Blätter für die Küche ein. Prüft nach! Es war eine liebenswerte Sinnestäuschung, denn der Kanarische Lorbeer riecht nicht, nur der Echte Lorbeer (Laurus nobilis) aus dem Mittelmeerraum verströmt den typischen, würzigen Duft.*

Inselregierung jedoch, das Erlernen in den Schulunterricht zu integrieren. So begegnet der Besucher auch heute noch Schülern, die den erstaunten Blick der Touristen genießen, wenn sie den abgeknickten Finger in den Mundwinkel legen, die Zunge nach hinten biegen und mit der anderen Hand einen Schalltrichter bilden. Beim Abschied am Hafen wird noch lange „Servus" gepfiffen. Damit El Silbo weiter gepflegt wird, wurde sie 2009 von der UNESCO zum immateriellen Weltkulturerbe ernannt.

Nasse kleine Schwesterinsel

Bei der Weiterfahrt nach oben kann man beobachten, wie die Passatwolke Zug um Zug die Sonne verschluckt. Die Sicht wird immer geringer. Dann ist Stopp im **Parque Nacional de Garajonay**. Feuchte Luft schlägt ins Gesicht, meistens regnet es. Trotzdem ist der Spaziergang ein

Der Lorbeerwald auf Gomera versinkt in einer feuchten Passatwolke

Abenteuer. In diesem geisterhaften Wald, meist von Nebelschwaden durchzogen, spielen Lorbeerbäume und bis zu 20 Meter hohe Baumerika Versteck, huschen mit Moosen und Flechten behaarte Gestalten über den Weg, zaubern Wolkenfetzen in den Wipfeln der grünen Giganten Hexentänze und Spukfantasien. Wer noch nicht vom Grusel gefangen ist, lausche der Geschichte von Gara und Jonay, einem Liebespaar, das dem höchsten Berg der Insel seinen Namen gab (siehe unten).

Sie konnten zueinander nicht kommen

Jedes Jahr trafen sich auf La Gomera die Familien der Prinzessin Gara von Agulo und des Menceys (Guanchen-König) von Adeje auf Teneriffa zum Erntedankfest, zum Beñesmén. Wie in vielen Legenden verliebten sich des Königs Sohn Jonay und Gara ineinander. Weil aber Gara die Prinzessin der Weihestelle des Wassers war, Jonay hingegen vom Feuer abstammte, von der Höhleninsel Teneriffa, wo die böse Gottheit Guayota ihren Sitz auf dem Berg Echeide (Teide) hatte, war die Beziehung vom Unglück bestimmt. So die Meinung der königlichen Eltern. Jonay wurde nach Teneriffa zurückgebracht, doch schwamm er mit Hilfe luftgefüllter Tierblasen nach La Gomera zurück. Gara und Jonay flohen auf die Gipfel der Insel, aber bald wurde ihnen klar, dass ihre Liebe keine Erfüllung finden konnte. Also schnitzte Jonay zwei Lanzen aus Zedernholz, mit denen die Liebenden sich gleichzeitig durchbohrten. Und gemeinsam stürzten sie in die Tiefe, vom Berg, der bis heute ihre Namen trägt, vom Garajonay.

Am Lago Grande stehen die Figuren von Gara und Jonay

Am Lago Grande, bei viel Regen komplett unter Wasser, stehen beide Figuren aus Holzstämmen geschnitzt. Hier gibt es auch ein Restaurant und einen Kinderspielplatz – oft „very much" Matsch.

Schutz vor dem Menschen

Der immergrüne Laurisilva-Wald, ein Gemisch aus mehreren Lorbeerarten, bedeckte bis vor fünf Millionen Jahren den gesamten Mittelmeerraum. Heute in Europa durch Klimaveränderung nur noch Fossilien, stellt der Garajonay-Nationalpark den einzigen geschlossenen Lorbeerwald der Erde dar. Diese spezielle Flora findet hier ideale Voraussetzungen: hohe Luftfeuchtigkeit durch die ständige Passatwolke, die zwischen 800 und 1.500 Meter über dem Meer an Pflanzen und Felsen kondensiert, Mittelwert der Temperaturen um 14 bis 15 Grad. Die wichtigste Voraussetzung jedoch ist der Schutz vor dem Menschen.

Ein mächtiger Vulkanschlot: der Roque de Agando

Noch in den 1960er-Jahren gab es Absichten, auch den grünen Rest der durch Kahlschlag nackt gerodeten Insel zu Geld zu machen. Naturschützer wurden aktiv und erreichten 1981, dass der übrig gebliebene Wald (40 Quadratkilometer) unter Naturschutz gestellt wurde. 1985 schließlich erklärte die UNESCO den Nationalpark zum Erbe der Menschheit.

Ein stolzer Basalt-Methusalem

Obwohl manche Ausflügler die Tour nach La Gomera mit Shorts, tiefem Ausschnitt und ohne Jacke und Kopfbedeckung wagen und deswegen ein bisschen frösteln, haben alle nach der Taufe im gespenstischen Urwald gute Laune. Auf der Rückfahrt kommt noch einmal das große Staunen. Stopp ist am südlichen Rand des Naturparks beim **Roque de Agando**. Nur zögerlich gibt die Passatwolke den Blick auf den mächtigen Vulkanschlot frei. Vor vier Millionen Jahren entstieg heiße Magma aus der Erdmitte an die Oberfläche der Insel. Als der Druck nachließ, erstarrte das Magma im Kamin. Seine Hülle wurde im Laufe der Jahrtausende von Wind und Regen abgetragen. Geblieben ist nur der innere, harte Kern. Der bizarre Felsen trotzt seitdem jedem Wetter in ehrwürdiger Gelassenheit.

Tipps für Auto-Touristen

Der Busausflug kann nur ein kleiner Streifzug durch den Park sein. Wer mit dem Auto anreist, darf die teils recht nasse Pracht intensiver genießen. Die Geschichte dieses Naturschatzes wird eindrucksvoll im Besucherzentrum **Juego de Bolas** dargestellt [5,5 km westlich von Agulo, beim Ort Las Rosas nach Südosten abbiegen, Agulo, Carretera General s/n, Tel. 922 80 09 93, tgl. 9.30-16.30 Uhr, Eintritt frei]. Hier werden didaktisch hervorragende Erklärungen der Geologie, der Flora und Fauna gegeben. Die Filme gibt es auch in deutscher Sprache.

Nebenan befindet sich ein Museum mit traditionellem Haushalts- und Arbeitsgerät (Webstuhl, Bäckerei, Korbmacher), die Rekonstruktion eines altkanarischen Hauses. Der große Garten mit Brennofen und Weinpresse zeigt die Pflanzenwelt der Insel. Es gibt hier auch Hinweise für leichte Wanderwege.

DIE TOLLSTEN ATTRAKTIONEN FÜR KINDER

Zu fast allen Attraktionen fahren ab Urlaubsort Busse kostenlos. Im Hotel oder bei den Informationsstellen werden Sie informiert.

Museo de la Ciencia y el Cosmos

Für dieses Museum sollten Familien viel Zeit einplanen. Denn Langeweile kommt in dem wissenschaftlichen Erlebniszentrum garantiert nicht auf. Für Kinder und Erwachsene gibt es an 90 Modulen Gelegenheit, das Wissen zu erweitern und selbst Experimente durchzuführen: darunter der Lügendetektor oder der Skelettspiegel. Vorsicht, im Spiegelkabinett nicht mit dem Kopf durch die Wand rennen! Aber auch ernstere Themen gibt es, wie „Zeugung" und „Geburt". Oder man unternimmt mit 3D-Brillen eine virtuelle Reise zum Jupiter, einem Kometen und zum Planeten Mars.

Museo de la Ciencia y el Cosmos:
Via Lactéa s/n, La Laguna, Tel. 922 31 52 65, www.museosdetenerife.org, Di-So 9-19 Uhr, Kopfhörer in deutscher Sprache, Erw. € 3, Schüler und Rentner € 1,50, Kinder unter 8 J. frei, So für alle freier Eintritt.
Anfahrt: Mit der Tranvia Linie 1, eigene Haltestation.

Zahlreiche Experimentierstationen laden Familien zum Entdecken ein

Lieblinge der Kinder: die Orcas, auch Schwertwale genannt

Loro Parque

Man sollte viel Zeit einplanen, denn im abwechslungsreichen und sehr großen Zoopark gibt es über 3.000 Papageien, Delfine und Seelöwen, Krokodile und Schimpansen, eine Tigerinsel, ein Gorillagehege und ein Haifischbecken, neuerdings auch eine Freiflugvoliere und für Kids einen kleinen Spielpark mit Berg- und Talbahn. Im Planet Pinguin werden die befrackten Vögel mit eisigen Temperaturen verwöhnt. Im OrcaOcean treiben vier Schwertwale viel Schabernack mit ihren Trainern. Restaurants und Picknickplatz bieten Stärkung. Der lange Weg vom Zentrum zum Loro-Park wird kostenlos mit einem Zug ab der Plaza de Los Reyes Católicos (neben der Kapelle San Telmo) überbrückt.

Loro Parque: *Punta Brava, Puerto de la Cruz, Tel. 922 37 38 41, www.loro parque.com, tgl. 8.30-18.45 Uhr, letzter Einlass 16 Uhr, Erw. € 31,50, Kinder (6-11 J.) € 20,50, preiswertes Twin-Ticket zusammen mit Siam Park (siehe S. 98): www.twinticket.com.*
Anfahrt: *Ab Puerto de la Cruz gut ausgeschildert, Richtung Playa Jardín, vom Zentrum kostenloser Zug.*

Die Pyramiden von Güímar

Zur Einführung sollten sich die Besucher im Auditorium den 15-minütigen Dokumentarfilm ansehen.

Dann wird der Rundgang durch den Park mit den Bauwerken der Guanchen richtig lebendig. Den besten Überblick über das Pyramidenfeld genießt man nach dem Rundgang durch das abwechslungsreiche Museum (deutsche Beschriftung) von der Panoramaterrasse aus. Der Anthropologe Thor Heyerdahl (1914-2002) hatte die Existenz der vorhispanischen Pyramiden aus der Vergessenheit gerissen (siehe Tour 7, S. 66), nachdem sie lange Zeit nur als „Steinhaufen" angesehen worden waren. Die Nachbildung des Papyrusschiffes Ra II, mit der dem Forscher der Nachweis einer Verbindung über das Meer zwischen Nordafrika, Teneriffa (?), Südamerika und Polynesien gelang, steht in einem weißen Zelt.

Läuse und Bienen

Den Parkspaziergang begleiten die kanarische Pflanzenwelt und leise Gitarrenklänge. Unterwegs bekommen Neugierige Antworten auf viele Fragen, z.B. zur Bedeutung des Schilfrohrs, der Schildlaus und warum die Bienen verschwinden. Wer zuerst die Export-Kiste „Jetzt bauen wir an" entdeckt, sollte sie schnell ausprobieren, ehe die anderen kommen. Psst, nichts verraten! Im Hauptgebäude gibt es eine Cafeteria mit Kindermenükarte, einen Babywickelraum, außerhalb einen Kinderspielplatz. Rundgang mit Buggy möglich.

Mit der Ra II von Nordafrika nach Südamerika! Via Teneriffa?

Pirámides de Güímar: Calle Chacona s/n, Güímar, Tel. 922 51 45 10, www.piramidesdeguimar.net, tgl. 9.30-18 Uhr, Erw. € 10,40, Kinder (9-12 J.) € 5,20, unter 8 J. frei, Audioführung € 1,65.
Anfahrt: Autobahn Sud, Ausfahrt 11, Güímar.

Wie eine Kleckerburg am Strand: die vulkanischen Gebilde nahe Vilaflor

Zur Mondlandschaft

Die Piste oberhalb von Vilaflor ist manchmal gesperrt, dann verlängert sich die Wanderung um etwa eine Stunde. Nach etwa sechs Kilometern ausgewaschenen Weges steht an einer Gabelung nach rechts der Hinweis „Barranco del Rio". Diesem Weg folgt man 1,7 Kilometer weit. Dann markiert auf der linken Seite ein Steinmännchen den Weg zum Paisaje Lunar. Hinter einer Sperrmauer für Fahrzeuge ist der Trampelpfad durch gelb-weiße Farbe markiert. Der Fußmarsch zur geologischen Sehenswürdigkeit dauert etwa eine Stunde. Der zweite Teil bietet einen etwas beschwerlichen aber gut gesicherten Aufstieg. Dann hat man von der Aussichtsplatte einen fantastischen Blick in die Schlucht mit dem weißen geologischen Wunder: Tuffsteinkegel, vom Wind und getriebenem Sand geschliffen zu Türmen, Kegeln oder Phalli, nur noch wenige von einem Sombrero aus härterem Vulkangestein „behütet". Der Windschliff dauert an, sodass sich dieses märchenhaft bizarre Naturereignis von Teneriffa ständig verändert und eines Tages verschwunden sein wird. Also schnell noch hin!

Anfahrt: *Oberhalb von Vilaflor, ein Stück nach dem Mirador del Pino Gordo zweigt in einer scharfen Linkskurve eine rötliche Piste rechts ab. Auf einer Holztafel steht „Campamento de Madre del Agua".*

Auf wackligen Hängebrücken durch den Jungle Park

An der Straße nach Arona wird auf den Jungle Park (früher Parque Las Aguilas) hingewiesen. Ein Besuch dieser grünen Oase sollte unbedingt eingeplant werden.

Tiger und Flusspferde

Hier kommt Urwaldstimmung auf. Zwei weiße chinesische Tiger dösen in der Sonne oder plätschern im Wasser, dicke Flusspferde machen es ihnen nach, eine Hängebrücke führt über den Krokodilsumpf, Äffchen hüpfen von Ast zu Ast, Papageien kreischen, Pinguine watscheln etwas hilflos umher (Tiere nicht füttern!) Der „Jungle Raid" fordert von jungen Draufgängern viel Kraft, um über Hängeleitern, Röhren und wackelnden Hängebrettern wieder den Boden zu erreichen. Bequemer ist der Bobschlitten, der hoch fährt zur flotten Rutsche (extra Preis € 4, nur für Kinder ab 1,20 Meter, kleinere erreichen die Bremse nicht, können aber von einem Erwachsenen mitgenommen werden). Höhepunkte sind die spannenden Flugvorführungen mit Greifvögeln – darunter auch Weißkopfadler, das Wappentier der USA (Shows 12 und 16 Uhr).

Jungle Park: Urbanisación Las Aguilas del Teide s/n, Tel. 922 72 90 10, www.junglepark.es, tgl. 10-17.30, letzter Einlass 16.30 Uhr, Erw. € 24,50, Kinder (4-12 J.) € 17, Picknickplatz und Restaurant sind vorhanden.
Anfahrt: *Autopista Sud, Exit 72 Los Cristianos, hoch zur TF 28 Richtung Arona, kompliziert, besser den Gratis-bus nehmen.*

Eine Mutprobe nach der anderen bestehen im Jungle Park

Reiterspaß im Camel Park

Mit stolz gereckten Hälsen und aufgeblähten Nüstern wartet die Karawane im Kamelpark von Chayofa. Bis die Gruppe reisefertig ist, können die Kinder zwischen Hühnern, Ziegen und dem weißen Esel spielen. Dann kommt die Entscheidung: nur kurzer Ausritt in die ländliche Umgebung oder länger auf dem Kamelrücken und dann arabisch-kanarisches Mittagessen im stimmungsvollen Restaurant? Spaß machen alle Versionen.

Camel Park: Chayofa, Tel. 922 72 11 21, www.portal-de-canarias.com, tgl. 11-17 Uhr, Mini-Ritt (20 Min.) € 10, Long-Trip (50 Min, Aperitif) € 20, Halbtagssafari (kanarisches Essen) € 38, Kinder (4-12 J.) die Hälfte.

Höckertiere auch im Norden

*Kamelritte gib es auch im Norden der Insel zwischen Icod de los Vinos und Santiago del Teide im **Camello Center**: El Tanque, Carretera General km 7,2, Tel. 922 13 61 91, www.camellocenter.com, tgl. 11-17.30 Uhr, 20-Minuten-Ritt € 8, Kinder (4-12 J.) die Hälfte, mit Restaurant und Souvenirshop. **Anfahrt:** Von Icod de los Vinos über die TF 82 bis El Tanque, außerhalb des Ortes weiter bis km 10,2.*

***Anfahrt:** Autopista Sud, Exit 72 Los Cristianos, zur TF 28 Richtung Arona, vor Chayofa durch Tankstelle rechts*

Wüstenschiffe warten auf kleine und große Reiter

Nicht nur Bananen in den Jardínes del Atlántico

Bananeras gibt es viele auf der Insel, doch die Jardínes del Atlántico bieten mehr. Hier werden auch die Kaffeepflanze, die Baumwolle, das Zuckerrohr und die Aloe Vera, die im Themenpark für Kosmetik verarbeitet wird, erklärt. Man erfährt, dass die Frucht des Fensterblatts (häufig mit dem Philodendron verwechselt) essbar ist, dass die Bougainvillea mehr als vier Farben hat usw. Wie viele denn? Auflösung: Sieben!

Wassergewinnung der Insel

Sehr informativ ist auch das Inselmodell in einem Wasserbecken. Dort wird die komplizierte Wasserversorgung Teneriffas anschaulich erklärt. Verschwendung kommt teuer zu stehen, denn Wasser aus Entsalzungsanlagen kostet fast dreimal soviel. Falls Ziegen und Schafe in den Gewächshäusern Pflanzen rupfen, ist das gewollt – sie fressen das Unkraut weg. Ergänzt wird der Rundgang durch ein Museum mit landwirtschaftlichen Geräten, darunter ein breiter, dicker Schlitten, von Ochsen oder Eseln gezogen, unten mit Lavasteinen besetzt. Zum Eggen der Felder? Nein zum Dreschen des Korns. Fragen Sie nach der Deutsch sprechenden Catherin!

Jardínes del Atlántico: Careterra Guaza s/n, Valle San Lorenzo, Tel. 922 72 03 60, tgl. 10-18 Uhr, geführte Touren Mo-Fr 10, 11.30, 13 u. 15.30, Erw. € 10, Kinder (6-11 J.) € 5, Saftbar. **Anfahrt:** Autopista Sud, Exit 26, dann Richtung Valle San Lorenzo, dort ausgeschildert.

Landwirtschaftliche Gerätschaften lassen sich erkunden

Monkey Park:
Da laust dich der Affe

Kaum betritt man den Affenpark, schon ist der Strohhut weg. Ein freches Kapuzineräffchen hat ihn sich geschnappt. Ein Kind will die possierlichen Tierchen mit (erlaubtem) Futter locken, schon rennt der Affe weg und mit ihm die ganze Tüte. So geht es reihum, bis zu den Zoogehegen im Freien. Die Zucht der Tiere wird wissenschaftlich begleitet und soll das Aussterben gewisser Spezies verhindern. Zum Beispiel den finster guckenden Mono de Brazza, weniger den Mandrill mit dem rot-weiß „geschminkten" Clowngesicht. Auch die düster blickenden Titis sind nicht bedroht, aber sie bedrohen hinter

Neugierige Gesellen – hohe Diebstahlgefahr bei Brillen und Butterstullen!

den Scheiben die Gaffer, springen sie an, drehen den Kopf und pinkeln schließlich verärgert gegen die Fenster. Krokodile dösen halb im Wasser hängend, Warane schleichen durch den Sand, eine Galapagos-Echse knabbert an einem saftigen Opuntien-Blatt, Aras in rot-blau-gelbem Federkleid kreischen, dass einem Hören und Sehen vergeht. Nein, nicht das Sehen, denn die Überraschungen in der Tierwelt des Monkey Parks wollen kein Ende nehmen. Wichtig für alle: hinterher Hände waschen, damit keine Keime verschleppt werden.

Out für Kaktus und Amazonia

In vielen Reiseführern, auch im Internet, werden immer noch der Kaktusgarten und Amazonia im Süden der Insel (bei Valle San Lorenzo) empfohlen. Doch der Regenwald sowie die benachbarte Anlage mit allen Kakteen der Erde existieren leider nicht mehr. Behördliche Schwierigkeiten, auch Anzeichen von Verwahrlosung bedeuteten das Aus. Gleich daneben liegt jetzt der erlebnisreiche **Monkey Park**.

Monkey Park: *zwischen Guaza und Los Cristianos, Tel. 922 79 07 20, www.monkeypark.com, tgl. 9.30-17 Uhr, Erw. € 10, Kinder (5-12 J.) € 5, mit Bar.*
Anfahrt: *Autopista Sud, Exit 26 Guaza, dann Richtung Valle San Lorenzo.*

Mehr Wasserspaß geht nicht: Siam Park

Hier nimmt das Quietschen, Lachen und Jubeln kein Ende. Das Wasserkönigreich bietet für jedes Alter das passende nasse Vergnügen. Die Kleinsten sind von den Pools, Rutschen und Spielplätzen der „Lost City" nicht mehr wegzukriegen, während die älteren Geschwister ständig die riesige Planschburg besuchen, um sich von einem Fass voll Wasser duschen zu lassen (siehe Bild S. 99). Ältere Kids wählen die ultimative Adrenalinrutsche, sausen im freien Fall 28 Meter tief ins Becken und durchqueren mit der Glasrutsche ein Haifischaquarium. Andere rutschen zu Dritt auf einem Gummireifen in das Maul eines Drachen und erleben im Trichter das Gefühl der Schwerelosigkeit. Gemächlicher geht es auf dem Mai-Thai-Fluss zu, im Gummireifen vorbei an Wasserfällen und exotischen

Preiswert essen im Vergnügungspark

Restaurants in Freizeitparks haben ihre Preise auf Familien mit Kindern eingestellt. Ein Beispiel aus dem **Siam Park:** *Pizza € 3,50, Chicken Nuggets € 4,25, Pasta e 6,50, halbes Hähnchen mit Pommes € 7,50, halber Liter Wasser € 1,20, Getränke aus der Dose € 2,25.*

Alternativ ins Rutschparadies Aqualand

Viele Eltern wollen nicht den ganzen Tag mit ihren Kindern in Wasserparks verbringen. Für ganze Tage spricht aber der relativ hohe Eintrittspreis. Da bietet das Aqualand an der Costa Adeje zu bestimmten Zeiten eine Alternative: Wer am nächsten Tag wiederkommt, zahlt viel weniger (Aushang beachten). Preiswerter ist auch der Ticketkauf online. Der Wasserpark hat allen Arten von Rutschen, auch für die Minis, und eine Delfinshow (extra Preis). Mit dem Schlauchboot geht's über den Congo River.

Aqualand: *Avenida de Austria 15, Costa Adeje, Tel. 922 71 52 66, www.aqualand.es, tgl. 10-17 Uhr, Erw. € 18, Kinder (4-12 J.) € 12, zweiter Tag € 8, Onlineticket für 2 Tage € 26/20.*

Anfahrt: *stressiger Verkehr in der Stadt, deshalb besser den Gratisbus wählen.*

Landschaften. Höhepunkt ist für alle der traumhafte Siam-Strand mit weißem Sand und dem Wellenpalast, der bis zu drei Meter hohe, künstliche Wellen produziert. Wenn der laute Gong ertönt, leert sich der Strand. Dann warten alle auf die wuchtige Wasserwand. Der Witz: Unten am natürlichen Strand werden Molen gebaut, damit die gefährlichen Atlantikwellen den Strand nicht erreichen können.

Siam Park: *Avenida Siam Park s/n, Costa Adeje, Tel. 822 07 00 00, www.siampark.net, tgl. im Sommer 10-18, im Winter bis 17 Uhr, Erw. € 28,* Kinder (3-11 J.) € 18, es gibt fünf Bars und Restaurants, Umkleideraum und Duschen, Schließfächer und Handtücher gegen Gebühr, Sonnenliegen und Schirme gratis.
Anfahrt: *von der Buszentrale in Playa de las Americas 5 Min. zu Fuß, mit dem Auto Südautobahn Exit 28 oder 29, dann Beschilderung folgen, bequem und gratis der Abholbus.*

Tosende Wassermassen bringen jede Menge Spaß und Abkühlung

Gar nicht so höllisch: Barranco del Infierno

Naturfreunde und Wanderer besuchen Adeje, um durch den Barranco del Infierno, durch die Höllenschlucht zu wandern. Allerdings wird bei und kurz nach Regenfällen der Abstieg gesperrt. Um die Natur zu schützen, dürfen nur noch 220 Personen pro Tag die Schlucht betreten. Der Andrang ist groß, deshalb sollte man schon früh anstehen oder noch besser telefonisch reservieren (Tel. 922 78 28 85).

Bis zum Wasserfall

Etwa vier bis fünf Stunden dauert der Hin- und Rückweg. Unabdingbar sind gutes Schuhwerk, Sonnenschutz und ein Liter Wasser pro Person. Unterwegs stößt man auf allerlei Schwierigkeiten: Steigungen, enge Abstiege, mehrfache Überquerung des Bächleins und Rohrdickicht. Die engsten Stellen wurden erweitert, sodass zwei Personen nebeneinander gehen können. 3,2 Kilometer sind es bis zum Ende der dicht bewachsenen Schlucht. Dort stürzt ein Bächlein als kleiner Wasserfall in die Tiefe und bildet einen Teich. Ein Plätzchen für Genießer: In den Nischen tröpfelt es auf sattgrüne Farne, an die steil aufragenden, schwarzen Felsen klammern sich junge Drachenbäumchen, vom Himmel ist nur ein schmaler Streifen zu sehen. Tipp für Wartezeiten oder nach der Wanderung: Einkehr bei **Otelo**, vor Eingang zum Barranco, Tel. 922 78 03 74, Di geschl., Kaninchen € 7, Hähnchen mit Knoblauch € 5, Salat ab € 3,50.

Am Ende der Schlucht stürzt ein kleiner Wasserfall in die Tiefe

Barranco del Infierno: *Calle Los Molinos s/n, Tel. 922 78 28 85, Zugang tgl. 8.30-14.30, Schließung um 17.30 Uhr, Erw. € 3, Kinder (2-12 J.) € 1,50.*
Anfahrt: *ab Costa Adeje Autopista Sur, Abfahrt Adeje, durch den Ort, deutliche Hinweise.*

Genau hinschauen und später mit dem Original vergleichen (siehe Tour 4)!

Kinder werden zu Riesen: Pueblochico

Gleich nach dem Eingang sind alle groß genug, den Berg Teide und die Mondlandschaft zu bezwingen. Dann schauen die Besucher auf die Guanchen herab, wie sie leben, jagen, ackern, ringen. Die wichtigsten Sehenswürdigkeiten der Westinseln zeigen sich im Miniformat (siehe Tour 4 ab S. 47): das Auditorium von Santa Cruz, die Festung San Miguel in Garachico, der Grafenturm auf La Gomera, die Kirche La Concepción von La Laguna, die Autobahn, der Fährhafen, der Flughafen usw. Die Wege eignen sich für den Buggy.

Pueblochico: *Camino Cruz de los Martillos 62, La Orotava, Tel. 922 33 40 60, www.pueblochico.com, tgl. 9-18 Uhr, Erw. € 12,50, Kinder (4-11 J.) € 6,50. Restaurant vorhanden.*
Anfahrt: *Autofahrer benutzen die Autopista del Norte, Exit 35. Von Puerto de la Cruz über El Durazno auf die Autobahn.*

Der Lava nah in der Cueva del Viento

Dieses Erlebnis führt nach einer Wanderung durch Pinienwälder, vorbei an Lavablasen, Bauernhütten und einem Dreschplatz zum Eingang der Cueva del Viento, der Höhle des Windes. Der Helm mit Stirnlampe ist Pflicht (gibt's kostenlos zum Eintritt), feste Schuhe und warme Kleidung (10 bis 12 Grad) sind zu empfehlen. Vor 27.000 Jahren spuckte der Vulkan Pico Viejo seinen glühenden Inhalt Richtung Meer. Sobald die Oberfläche des Lavaflusses erstarrte, floss das Gestein im Inneren weiter, die Röhre entleerte sich, als der Nachschub ausblieb. In diesem Schlauch stehen nun die Besucher, auf dem Boden die kleinen Stalakmiten, Lava die vor der Decke tropfte – man geht wie auf Nägeln. Die jungen Teilnehmer durchstreifen die seitlichen Höhlen, soweit es der strenge Führer erlaubt. Von 18 erforschten Kilometern der Lavaröhre

Icod im Aufwind

Die Freigabe der Cueva bringt Icod mehr Touristen. Das spürt auch die **Taberna Cueva del Viento** *beim Besucherzentrum. Dort trinken die Großen einen Baraquito: ein Fingerbreit Dosensahne, zwei mit Likör (Aprikose o.a.), Espresso drauf und Milchschaum, dazu eine Scheibe Zitrone. Wer nach der Tour Hunger hat, findet ein reiches Angebot: Tapas ab € 2, Tortilla € 4 (reicht für zwei), Käseplatte € 2,50, Hähnchen € 8 und belegte Brote nach Geschmack (Los Piquetes 40, Tel. 922 81 45 95).*

sind 250 Meter für das Publikum geöffnet, d.h. man geht 500 Meter in erstarrter Magma, wo Forscher die Fossilien von anderthalb Meter langen Eidechsen und Ratten fanden und wo heute noch 190 wirbellose Tierarten leben.

Cueva del Viento: *Besucherzentrum im Ortsteil Los Piquetes, Icod de los Vinos, Tel. 922 81 53 39 (Besuch auf 14 Personen beschränkt), www.cuevadel viento.net, Di-Sa geführte Touren um 10, 12 und 14 Uhr, Erw. € 10, Kinder (6-12 J., jüngere nach Anfrage) € 3.* ***Anfahrt:*** *Vom Nordosten über die TF 5, vom Süden über die TF 82 nach Icod, ab Stadtmitte Hinweise zum Besucherzentrum in Los Piquetes.*

Alle Besucher werden zur Sicherheit hübsch behelmt

Fakten von A bis Z

Anreise

Am einfachsten reist man nach Teneriffa mit dem Flugzeug an, am schnellsten mit Chartergesellschaften wie Condor, Aero Lloyd, Air Berlin oder TUIfly. Flugzeit ab Frankfurt/M. ca. viereinhalb Stunden (etwa 3.200 km). Die meisten Maschinen landen im Süden auf dem Flughafen Reina Sofía, einige auch im Norden auf dem Flughafen Los Rodeos. Von dort aus wird der meiste interinsulare Flugverkehr zwischen den Inseln mit Binter Canarias abgewickelt. Fährverbindungen gibt es einmal wöchentlich ab Cádiz
(Infos: Linie Trasmediterránea, DER-TRAFFIC, Emil-von-Behring-Str. 6, 60439 Frankfurt/M, Tel. 069-95 88 17 17, service.dertraffic@dertour.de).

Auskunft

Am einfachsten und effektivsten sind die Internetseiten der Insel unter www.web tenerife.com, auch in deutscher Sprache. Oder Material anfordern beim Spanischen Fremdenverkehrsamt:

In Deutschland
Prospekte und Informationsmaterial unter Tel. 061-23-991 34 oder per Mail: in Berlin unter berlin@tourspain.es, in Frankfurt/M. unter frankfurt@tourspain.es, in München unter munich@tourspain.es.

In Österreich
Büro in 1010 Wien, Walfischgasse 8, Tel. 01-512 95 80, vienna@tourspain.es.

In der Schweiz
8008 Zürich, Seefeldstr.19, Tel. 01-252 79 31, zurich@tourspain.es 1201 Genf, Ami Livrier 15, Tel. 022-731 11 33.

Linienbusse verbinden alle Orte auf Teneriffa

Bus, Bahn, Leihwagen, Taxi

Das Bus-Liniennetz auf der Insel ist hervorragend. Neben der größten Gesellschaft TITSA (www.titsa.com) gibt es private Unternehmer. So hat man von und zu jedem Ort oft mehrmals am Tag Verbindungen. Es ist die preiswerteste und informativste Art zu reisen, da sich leicht Gespräche ergeben. Haltestellen werden durch ein rot-blaues Schild markiert. In der Mitte haben sie ein „P" für parada (Haltestelle). Übrigens: Auf Teneriffa heißt das Fahrzeug nicht autobús, sondern guagua (gesprochen: gwagwa). Das Wort haben die Rückwanderer aus Südamerika mitgebracht.

Bei Leihwagen sind meist unbegrenzte Kilometerzahl und Haftpflichtversicherung inbegriffen. Ob Vollkasko und Insassenunfallschutz enthalten sind, ist je nach Firma verschieden. Endpreise vergleichen! Die Zahl der anbietenden Firmen ist groß. Hier muss mit Bedacht gewählt werden, da die Wartung der Fahrzeuge sehr unterschiedlich ausfällt. Beliebt bei Gästen deutscher Reiseveranstalter ist Europcar (in den meisten großen Hotels), auch Avis und Hertz besitzen ein ausgedehntes Netz. Preiswert sind die Mietautos von World of TUI Cars (an den Flughäfen). Deutsche Reiseveranstalter ermöglichen eine Buchung schon in Deutschland. Die Tagespreise (je nach Dauer der Miete) beginnen ab ca. € 30 pro Tag. In allen Fällen gilt: genau prüfen, ob das Auto Schäden hat, ob der Tank gefüllt oder eine Teilfüllung im Vertrag vermerkt ist und ob die Bremsen funktionieren. Wichtig! Tanken Sie samstags voll, am Sonntag und an Feiertagen haben viele Tankstellen geschlossen. Volltanken ist vor Touren ins Anaga-Gebirge und in den Nationalpark um den Teide wichtig, dort gibt es keine Tankstellen!

Alle Taxis müssen Taxameter haben. Achten Sie darauf, dass er auch eingeschaltet wird! Die Preise sind an manchen Haupthaltestellen auf einer Tafel angezeigt. Wenn nicht, ist der Taxifahrer verpflichtet, seine Preisliste zu zeigen.

Camping

Wildes Campen ist auf Teneriffa verboten, manche Gemeinden erteilen eine Erlaubnis für spezielle Gebiete. Campingplätze gibt es im Norden in Tacoronte/Mesa del Mar (Playa la Arena, Tel. 922 56 42 36), im Südosten bei El Medano Camping Montaña Roja (Tel. 922 17 62 51), im Süden bei Las Galletas, Camping Nauta Galletas (Tel. 922 78 51 18) und im Nordosten bei La Esperanza Quimpi Campamentos (www.quimpi.com).

Diplomatische Vertretungen

Deutsches Honorarkonsulat der Bundesrepublik Deutschland, Calle Costa y Grijalba 16, Santa Cruz de Tenerife, Tel. 922 24 88 20, www.honorarkonsul-teneriffa.de.

Honorarkonsulat der Republik Österreich, Hermano Apolinar 12. 38300 La Orotava, Tel. 922 32 59 61, madrid-ob@bmeia.gv.at

Konsulat der Schweiz auf Gran Canaria, Urbanización Bahía Feliz, Edificio de Oficinas, Local 1, 35107 Playa de Tarajalillo, Gran Canaria, Tel. 928 15 79 79, laspalmasgc@honorarvertretung.ch.

Die Fähren von Fred.Olsen fahren z.B. nach La Gomera, La Palma und El Hierro

Linienschiffe/Fähren

Schnellboote und Autofähren verkehren von Santa Cruz de Tenerife aus nach Gran Canaria. Die westlichen Inseln La Palma, La Gomera und El Hierro werden von Los Cristianos aus angefahren (siehe S. 82). Fred-Olsen-Linie: www.fredolsen.es; Armas: www.navieraarmas.com.

Fahrradverleih

In jedem Urlaubsort gibt es Verleihstationen, auch die größeren Hotels bieten Zweiräder an.

Fundbüro

Fragen Sie beim Ayuntamiento (Rathaus) oder bei der Policia Local nach der Oficina de Objetos Perdidos, einige Adressen unter www.teneriffaplus.de.

Geld

Viel Bargeld sollte man nicht mitnehmen. Mit der EC-Karte (mit Geheimnummer) und mit Kreditkarten reist man sorgloser. In den Urlaubsorten nimmt fast jedes Restaurant oder Geschäft „Plastikgeld" an. Auf dem Land ist es besser, Bargeld zu haben. Mit der EC-Karte lässt sich an Geldautomaten in Verbindung mit der Geheimnummer Geld abheben. Bei Verlust der EC-Karte diese sofort sperren lassen, in Deutschland Tel. 0049 1805 02 10 21, weitere Infos unter www.Kartensicherheit.de.

Kleidung

Im Sommer reicht leichte Baumwollkleidung, wegen des großen Temperaturunterschieds braucht man abends einen Pullover. Im Winter sollten Shirt, Pullover und Windjacke im Reisegepäck sein. In Restaurants ist die Kleidung inzwischen leger, einige verlangen zum Abendessen formelle Kleidung, also z.B. lange Hosen. Strandkleidung ist beim Essen unerwünscht, auch beim Einkaufsbummel in den Orten. Mit Miniröcken, Shorts und schulterfreier Kleidung dürfen Kirchen nicht betreten werden.

Klima und Reisewetter

Beim Klima muss man zwischen dem Norden, der bergigen Mitte und dem Süden unterscheiden. Der Kanarenstrom und die Passatwinde schaffen besonders günstige Voraussetzungen für ein fruchtbares Klima im Norden, entsprechend muss man auch mit Regen rechnen.

Das sich hoch auftürmende Gebirge in der Mitte der Insel ist eine Wetterscheide. Im windabgewandten Süden regnet es deshalb weniger. Insgesamt herrscht das ganze Jahr über ein ausgeglichenes Klima. Die Monate Juni, Juli und August sind beinahe regenfrei. Die meisten Niederschläge fallen in den Monaten November, Dezember und Januar.

Literaturtipps

Acevedo, Ángeles, Doblado Rafael: Galerie der kanarischen Volksbräuche, Zech Verlag 2005, für Kinder gut geeignet.

Braem, Harald: Tanausú – König der Guanchen, historischer Roman, Zech Verlag 2003.
Gebauer, Alfred: Alexander von Humbioldt, seine Woche auf Teneriffa 1799. Zech Verlag 2009.
Nenzel, Nana Claudia: ADAC-Reiseführer Teneriffa, München 2009.
Uden, Horst: Der König von Taoro, historischer Roman von der Eroberung Teneriffas, Zech Verlag 2008.
Schönfelder, Ingrid und Peter: Mittelmeer- und Kanarenflora, Kosmos-Atlas im Großformat, Stuttgart 2002.

Medien

Radio 9,54,5 MHZ mit aktuellen Nachrichten in deutscher Sprache: Deutsche Welle, ab 19 Uhr vier Stunden Programm.
Größtes deutschsprachige kanarische Radio: FM 88,3 für Teneriffa Süd, FM 103,7 für Teneriffa Nord und FM 104,7 für Teneriffa Südwest und El Hierro,

Klimatabelle

	Jan	Feb	März	Apr	Mai	Juni	Juli	Aug	Sept	Okt	Nov	Dez
Wassertemperaturen in °C	19	18	18	18	19	20	21	22	23	23	21	20
Lufttemperaturen / Tag (in °C) /Nacht	21 / 15	21 / 14	22 / 15	22 / 16	22 / 17	24 / 18	25 / 19	26 / 21	26 / 21	26 / 19	24 / 18	22 / 16
Sonnenschein (in Std.) täglich	5	6	6	7	8	9	10	9	8	6	5	5
Niederschlag (Tage/Monat)	11	6	6	7	4	1	1	1	4	5	11	9

online unter www.megawelle.com
Happy Radio (FM 98,7 MHz).
Radio Marítím (MW 720 kHz), tgl. 17-18
Uhr.
Fernsehen kann man fast in allen Hotels
über Satellit auch in deutscher Sprache,
meist RTL, SAT 1 und 3 SAT. Canal 60,
bietet Regionalfernsehen für den Norden.
Deutsche Zeitungen erhält man auf
Teneriffa oft schon am Tag des Erschei-
nens. Sehr informativ sind zwei deutschsprachige Inselzeitungen, die 14-tägig
erscheinen: „Wochenblatt",
www.wochenblatt-kanaren.com und
„Teneriffa Nachrichten", www.teneriffa-
nachrichten.com, kostenlos gibt es
„Teneriffa Neue Presse" (viele Anzei-
gen), www.tenepress.com.
Informativ ist auch das Nachrichten- und
Informationsportal „Kanarenexpress"
(mit TV-Programm): www.kanaren
express.com.

*Sonnenschutz ist für die ganze Familie
obligatorisch!*

Medizinische Versorgung

Auf Teneriffa haben sich viele deutsche
bzw. deutschsprachige Ärzte niedergelassen, teils sogar mit eigenen Kliniken
(Auskunft auch über die Hotelrezeption).
Es empfielt sich der Abschluss einer
Auslandskrankenversicherung, auch
wenn die Europäische Krankenversiche-
rungskarte EHIC formlos bei der Pflicht-
versicherung beantragt werden kann, die
auch in Spanien gilt. Doch im Notfall
haben nur Privat- oder Zusatzversicherte
die Wahl des Arztes. Sie zahlen den Arzt-
oder Krankenhausbesuch vor Ort selbst,
bekommen es aber zu Hause erstattet.

Krankenhäuser:
Hospital la Colina
(Santa Cruz, Tel. 922 27 07 00),
Hospital Costa Adeje
(San Eugenio, Tel. 922 79 10 00),
Deutsches Ärztehaus Nord
(Puerto de la Cruz, Tel. 922 38 51 59)
Deutsches Ärztehaus Süd
(San Eugenio, Tel. 922 75 14 92).

Trinkwasser, Impfungen

*Leitungswasser kann zum Zäh-
neputzen verwendet, aber nicht
getrunken werden.
Impfungen sind für die Kanaren
nicht vorgeschrieben.
Vorsicht beim Sonnenbad: Die
ersten Tage nur kurze Zeit son-
nenbaden. Durch die ständige
Brise merkt man nicht, wie
stark die Sonne brennt, in der
Zeit zwischen 11 und 15 Uhr auf
jeden Fall meiden. Kinder und
empfindliche Erwachsene sollten Sonnenhut, Nackenschutz
und lange Kleidung tragen.*

Notruf

Zentraler Notruf (Rotes Kreuz) 112
Polizei 091
Unfallrettung 092
Feuerwehr 080
Pannenhilfe 922 27 51 08
Seenotruf 900 20 22 02

Öffnungszeiten

Geschäfte Mo-Sa 9-13.30 u. 17-20 Uhr
(Supermärkte und Souvenirläden meist
durchgehend und länger)
Apotheken meist Mo-Fr 9-13 u. 16-20, Sa
nur 9-13 Uhr
Banken und Postämter Mo-Fr 9-14, Sa 9-
13 Uhr

Sprache

Das Spanisch auf den Kanaren ähnelt
dem Lateinamerikanischen, und ist für
Reisende, die Spanisch in der Schule
gelernt haben, schwer zu verstehen.
Grundsätzlich wird das „s" am Ende der
Wörter verschluckt, was zu Missver-
ständnissen führen kann: Ob die Insel
La Palma gemeint ist oder Las Palmas,
die Hauptstadt von Gran Canaria, muss
man oft nachfragen.

Allgemeines

Ja/nein - sí/no
Danke - gracias
Guten Morgen - buenos días
Guten Tag (nachm.) - buenas tardes
Guten Abend - buenas noches
Auf Wiedersehen - hasta la vista
Ich heiße … - Me llamo …
Eltern - padres
Mutter/Vater - madre/padre
Sohn/Tochter - hijo/hija
Junge/Mädchen - chico/chica
Familie - familia

Wo ist...? - Donde està?
Können Sie mir helfen? - Mi puede ayu-
dar, por favor?
Ich möchte … - Quiero …
Wie viel kostet das? - ¿Cuánto es?
Das ist etwas teuer - Es un poco caro
Wie spät ist es? - ¿Qué hora es?
Sprechen Sie Deutsch? - ¿Habla Usted
alemán?
Ich spreche ein wenig Spanisch - Hablo
un poco español
Ich habe nicht verstanden - ¡No le com-
prendo!
Wie geht es Ihnen? - Cómo estás?
Danke, gut - Bien, gracias
Entschuldigen Sie - ¡Dispence Usted!
Wie heißen Sie? - ¿Cómo se llama Usted?

Im Hotel/Restaurant

Haben Sie Zimmer? - ¿Tienen habitacio-
nes libres?
Einzel-/Doppelzimmer - habitación indi-
vidual/doble
Frühstück - desayuno
Die Rechnung, bitte! - ¡La cuenta, por
favor!

Unterwegs

Apotheke - farmacia
Arzt - medico
Bank - banca
Post - correos
Toiletten - baños/aseos
Strand - playa
Schwimmbad - piscina
Spielplatz - parque infantil
rechts - derecha
links - izquierda
Tankstelle - gasolinera
Werkstatt - taller
Benzin - gasolina
Haltestelle - parada

Hin- und Rückfahrt - ida y vuela
Wie komme ich nach (zum, zur) …? -
¿Cómo llego a (al, a la) …?
Wie weit ist es nach …? - ¿Cuántos kiló-
metros son hasta …?

Kulinarisches Lexikon

Aceitunas - Oliven
agua mineral - Mineralwasser
con/sin gas - mit/ohne Kohlensäure
bocadillo - belegtes Brot
cabra/cabrito - Ziege/Zicklein
calamares - Tintenfisch(ringe)
carne - Fleisch
de cerdo - Schweinefleisch
de vaca - Rindfleisch
cazuela - Fischeintopf
churros - ausgebackene Teigkringel (süß)
conejo - Kaninchen
ensalada - Salat
entremeses - Vorspeisen
flan - Karamellpudding
fresas - Erdbeeren
gambas - Krabben
helado - Speiseeis
hielo - Eiswürfel
jamón - Schinken
jugo/zumo de naranja -
Fruchtsaft/Orangensaft
mantequilla - Butter
pan - Brot
papas, patatas - Kartoffeln
pescado - Fisch
pimiento - Paprika
plátano - Banane
pollo - Hähnchen
postres - Nachspeisen
queso - Käse
servezza (caña/jarra) - Bier (Glas/Krug)
sopa - Suppe
tomates - Tomaten
verduras - Gemüse

Zahlen

eins - uno
zwei - dos
drei - tres
vier - quatro
fünf - cinco
sechs - seis
sieben - siete
acht - ocho
neun - nueve
zehn - diez

Strom

220 Volt Wechselstrom ist üblich, in
allen Hotels und Ferienwohnungen entsprechen die Steckdosen den in Deutschland üblichen.

Telefon

In den Urlaubsorten befinden sich viele
Telefonzellen mit direktem Anschluss
nach Europa. Halten Sie genügend Mün-
zen zu € 0,50 bereit. Die Funktionsweise
der Apparate wird ausführlich beschrieben (auch in Deutsch). Kartentelefone
sind weit verbreitet. Die Karten (tarjeta
prepago) sind an Automaten, in Bars und
Tabakläden erhältlich. In Telefonläden
kann man von 9 bis 21 Uhr anrufen
(auch mit Kreditkarte). Gespräche vom
Zimmer aus sind oft teuer, obwohl einige Hotels inzwischen Normaltarif bieten.
Landesvorwahl Deutschland 0049,
Österreich 0043, Schweiz 0041. Danach
wählt man die Ortskennzahl ohne die
Null sowie die Anschlussnummer.

Tiere

Auf Reisen nach Teneriffa wie generell
innerhalb der EU müssen alle Katzen
und Hunde eine bleibende Kennzeich-
nung tragen: gut erkennbare Tätowie-

rung oder Mikrochip. Die Tollwutimpf-
bescheinigung muss sich auf das durch
Chip oder Tätowierung ausgewiesene
Tier beziehen und von einem ermächtig-
ten Tierarzt ausgestellt worden sein:
mindestens einen Monat oder höchstens
ein Jahr vor Reiseantritt.

Trinkgeld

In Bars und Restaurants ist der Service
in der Rechnung enthalten. Ein Trinkgeld bis zu zehn Prozent der Rechnung
ist bei gutem Service dennoch üblich.
Bei einem Drink an der Bar ist Trinkgeld
nicht üblich. Zimmermädchen erhalten
rund € 5 pro Person und Woche, Gepäck-
träger € 1 pro Gepäckstück. Im Hotel-
restaurant gibt man dem Oberkellner am
Anfang und Ende des Urlaubs einen
angemessenen Betrag. Bei Taxifahrern
sollte man die Summe aufrunden.

Unterkünfte

Die angegebenen Preise beziehen sich
auf eine Person im Doppelzimmer, wenn
nicht anders angegeben mit Halbpension (Vorsaison – Hauptsaison). Bei
Kinderanimation bezieht sich die
Angabe normalerweise nur auf die
Schulferien bzw. die Zeit von Ende Mai
bis Ende August.

IN PUERTO DE LA CRUZ

RIU Garoé

38400 Puerto de la Cruz, Calle Doctor
Celestino Gonzalez Padrón 3,
Tel. 922 38 29 88, www.riu.com.
Komfortables Hotel in ruhiger Ortsrand-
lage (La Paz), kostenloser Shuttle-Bus
zum Zentrum, gut ausgestattete Zimmer, perfekter Service, Pool, Kinder-

An der Costa Adeje lockt der Beach Club
Las Rocas zum Baden und Planschen

becken (im Winter beheizt) und Pool-
Snackbar, Hallenbad, Sauna, Beautycen-
ter, Tennisplatz, Kinderspielplatz.
€ 50-105, Kinder von 2-12 J. 50 %
Ermäßigung, nach Familienpreis fragen.

LTI Chiripa Garden

38400 Puerto de la Cruz, Calle Belgica
54, Tel. 922 38 14 50, www.lti.de.
Ruhige Lage, kostenloser Shuttle-Bus
zum Zentrum, weniger schöne, ältere
Betonbauten aber ordentlich ausgestattete Zimmer, zwei Restaurants, große Gartenanlage mit zwei Pools, Fitnesscenter
und Sauna, Tennis (gegen Gebühr),
Tischtennis, Volleyball, Minigolf, Kinder-
garten mit Betreuung (4-12 J.).
€ 40-65, Villa € 75-100, Kinder 2-6 J. frei,
7-12 J. 25 % Ermäßigung.

Spa Playacanaria

38400 Puerto de la Cruz,
Urbanisation El Durazno s/n, 3 km
außerhalb des Stadtzentrums,

An der Costa Adeje bietet das Hotel Jardines del Teide jede Menge Komfort

Tel. 922 38 51 51, www.playa canariaspahotel.com.
Ruhige Lage in der Nähe des Botanischen Gartens, großzügige helle Aufenthaltsräume, komfortable Zimmer, tropischer Garten mit Poollandschaft, Babypool mit Rutsche, Tischtennis, Boccia, Minigolf, Gymnastikraum, Spa- und Wellnessabteilung, Miniclub (für Kinder 4-12 J.), Spielplatz, werktags Bus-Service zum Zentrum. € 45-70, 2 Kinder bis 14 J. gratis. 3. Kind 25 % Erm.

AN DER COSTA ADEJE/ LAS AMERICAS

Jardín Tropical
38600 Costa Adeje, Urb. San Eugenio, Calle Gran Bretaña s/n, neben dem Jachthafen, Tel. 902 25 02 51, www.jardin-tropical.com.
Architektonisch eine weiß strahlende Augenweide, maurischer Stil, direkt an der Uferpromenade, komfortable Zimmer und Suiten, vier Restaurants, große Gartenanlage mit subtropischer Vegetation, Salzwasser- und Süßwasserpool mit Kinderbecken, Miniclub in der Ferienzeit (Altersgruppen nach Bedarf), Fitnessraum, Sauna, Massagen, Schönheitszentrum, vor dem Hotel Beachclub Las Rocas mit Meerwasserbecken, Sonnenterrassen, Bar und Restaurant. Familienunterkunft € 166-270, 3. Person 50 %, Halbpension € 26 pro Person, Kinder 0-12 J. im Elternzimmer gratis.

Meliá Jardínes del Teide
38670 Costa Adeje, Urb. Mirador del Duque, auf einem Hügel über dem Strand El Duque gelegen, 5 km zum Zentrum, Tel. 922 71 70 30, www.melia.com.
Architektonisch fantasievolle Terrassenparkanlage verbunden mit Brückchen, Spazierweg unter einem Wasserfall, mittendurch ein Bach, vorwiegend Vulkansteine, unten liegen zwei ineinander übergehende Pools und Kinderplanschbecken, im unteren Bereich auch ein Miniclub (4-12 J.) mit Toiletten und Spielplatz, Tischtennis, Fußball, Dart, komfortable Zimmer, Restaurant und mehrere Bars. All inclusive € 70-140, Kinder (4-12 J.) € 30-42.

Park Club Europe

38660 Playa de las Américas, Avenida Rafael Puig 23, Tel. 922 75 71 97, www.europe-hotels.org.

Club mit Animation, Anlage in südspanischem Stil, All-Inclusive-Restaurant, großzügige Zimmer, subtropische Gartenanlage mit Meerwasser-Poollandschaft und Kinderbereich, zweite Poollandschaft mit Wasserrutschen und Kinderbereich, kleiner Sandstrand und Seen (Fische und Enten füttern), Gehege mit Papageien und Kaninchen, Dorfplatz mit abendlicher Animation, Fitnesscenter, Sauna, Tennis, Tischtennis, Squash, Boccia, Billard, Bogenschießen, Sportplatz, Tauchschule, Mountainbikeverleih, Diskothek. Miniclub 3-6, Maxiclub 7-9, Teensclub 10-12, bei Bedarf Jugendclub 13-16 Jahre. All inclusive € 80-130, Kinder (0-4 J.) gratis, (5-14 J.) € 20.

Aparthotel A. Isabel

38670 Costa Adeje, Urb. Fañabé, Calle Bruselas 4-6, Tel. 922 74 70 00, reservas@isabelfamilyhotel.com, www.gfhoteles.com.

Gepflegter kanarischer Stil, im Stadtbereich, 600 Meter zum Strand, Apartments und Bungalows, Restaurant, zwei Süßwasserpools und Kinderbecken, Spielplatz, Tischtennis, Fitnessraum, Billard, Tennis, Miniclub (4-12 J.). Bungalow (2 Erw. und 2 Kinder bis 12 J.) € 130-200.

AN DER PLAYA PARAISO

Bahía Principe Resort

38670 Adeje, Urbanisation Playa Paradiso, Parcela 18, Carretera El Puertito s/n, Tel. 922 72 31 00, www.bahia-principe.com.

Farbenprächtige luxuriöse Hotelanlage mit sieben Gebäuden, kanarischer Stil, komfortable Zimmer, Blick zum Meer, Restaurant und mehrere Bars mit 24-Stunden-Service (zum Abendessen formelle Kleidung), große Süßwasser-Poollandschaft im unteren, zwei Pools und separate Kinderzone im oberen Bereich, separater Babypool, Spielplatz, Mountainbikes, Squash, Fitnesscenter, Miniclub (4-12 J.), Diskothek im Preis, Bus-Service zur Costa Adeje, Playa del Puertito (siehe Strände S. 22) zu Fuß erreichbar. All inclusive € 140-250, Kinder (0-4 J.) gratis, Kinderermäßigungen auf Anfrage.

IN PUERTO SANTIAGO

Barcelo Santiago

Calle La Hondura 8, zwischen Puerto de Santiago und Los Gigantes, Tel. 922 86 09 12, santiago@barcelo.com, www.barcelo.com.

Geschmackvoll ausgestattetes Hotel am Hang, 200 Meter zum Strand, komfortabel eingerichtete Zimmer mit Balkon und Meerblick, zwei Restaurants, Tasca-Bar, Pool Snackbar, drei Pools, Whirlpool und Kinderbecken, Miniclub (4-12 J.), Radverleih, Tennis, Volleyball, Tischtennis, Shuffle-Board, Sauna, Massage € 60-120, Kinder (2-12 J.) im Elternzimmer 50 % Ermäßigung.

Luabay Costa Los Gigantes

38683 Puerto Santiago, Calle Manuel Capdevielle, Tel. 922 86 72 72, www.hotelcostalosgigantes.com.

Oben im neuen, dicht bebauten Ortsteil, helles Gebäude viel Glas, terrassenförmig angelegt, Blick auf den Atlantik, vier

Achtung Zoll!
Manche Teneriffaurlauber wundern sich, wenn sie bei der Ankunft in Deutschland oder Österreich von Zollbeamten kontrolliert werden. Das zollfreie Einkaufen gilt nicht für die Kanaren, sie bleiben Freihandelszone. Für die Einfuhr von Waren gelten also Richtlinien wie für Nicht-EU-Länder, z.B. wie für die Schweiz: 200 Zigaretten, 100 Zigarillos, 50 Zigarren oder 250 g Rauchtabak, 50 g Parfüm, 1 l Spirituosen mit mehr als 22 % Alkohol bzw. 2 l mit weniger als 22% Alkohol.

Restaurants, fünf Bars, Wellnesscenter, drei Pools, Fitnessraum, viele Einrichtungen für Kinder: zwei Pools, einer mit Rutsche, Spielplatz, Minigolf, Tischtennis, Tischfußball, Kinderkegelbahn, Billard, Kino mit Kinderfilmen, Theaterspiele, Technikzentrum mit Onlinespielen, Malraum, Karussell für die Kleinsten, ausgebildete Kinderbetreuer. All inclusive € 80-125, 1. Kind bis 6 J. gratis, 2. Kind (2-12 J.) 50 % Ermäßigung.

IN DEN CAÑADAS

Parador de las Cañadas
38300 Orotava, Las Cañadas, am Fuß des Teide, Tel. 922 38 64 15, www.parador.es.
Traditioneller Parador mit Traumblick auf den Teide und die Roques de García, gut eingerichtete Zimmer, großzügige Bar mit Kamin, Restaurant mit typisch

kanarischer Küche, Hallenbad mit Fitnessgeräten, Startpunkt für die Familie durch die Lavalandschaft (siehe S. 81), ab € 65, Frühstück € 15, Menü € 30, Kinder (3-12 J.) für Frühstück und Menü 50 % Ermäßigung, Kindermenü € 13.

Verkehr
Die Verkehrsvorschriften sind ähnlich wie in Deutschland. Höchstgeschwindigkeit in Ortschaften 50, außerhalb 90, auf Schnellstraßen 100, auf Autobahnen 120 km/h. Die Anschnallpflicht gilt natürlich für alle Insassen. Kinder unter 12 Jahren dürfen nur auf den Rücksitzen befördert werden. Die Promillegrenze liegt bei 0,5 %. Es ist verboten, beim Autofahren ein Handy ohne Freisprecheinrichtung zu benutzen. Halten auf Behindertenplätzen oder Zebrastreifen gilt als schwerer Verstoß, ebenso das Wegwerfen von Gegenständen aus dem Auto, wenn dadurch Brand oder Unfallgefahr besteht. Bei jeder Nebenstraße nach einbiegenden Fahrzeuge schauen, ob vorfahrtberechtigt oder nicht, viele sehen sich nicht nach evtl. querendem Verkehr um, sie vertrauen auf Gott. Mietwagen: Nationaler Führerschein, der mindestens zwei Jahre alt ist. Mindestalter des Fahrers: 21 Jahre. Wichtig: Auf der Insel werden alle Ausfahrten der Schnellstraßen allmählich umbenannt, sie sollen alle dem Kilometerstand entsprechen. So wurde aus der Ausfahrt 27 im Süden die Nummer 72 – nicht wundern!

Zeit
Teneriffa hat Westeuropäische Zeit (WEZ) und liegt im Sommer wie im Winter um eine Stunde hinter der Mitteleuropäischen Zeit (MEZ).

Einkaufen & Mitbringsel

Mit dem Interesse der Urlauber an Kunsthandwerk haben sich viele Tinerfeños wieder an ihre alten Traditionen erinnert. Um zu vermeiden, dass Nachahmungen aus Fernost den Markt verderben, wurden Geschäfte mit dem Markenzeichen „Artenerife" gegründet, die das Kunsthandwerk schützen.

Handwerk und Kleidung

Geschätzt sind vor allem die Lochstickereien (Roseta): Tischdecken, Trachten, Blusen und Tücher. Auch gewebte Leinentücher und Bettdecken sind begehrt. In vielen Orten haben sich wieder Töpfer niedergelassen. Sie bieten Töpfe, Krüge, Teller und Figuren aus Keramik mit alten Mustern oder ganz modern an. Auf Märkten und bei Festen zeigen sich auch wieder Korbmacher, produzieren Körbe,

Die Lochstickereien (Rosetas) sind ein beliebtes Mitbringsel

Bunte Märkte, frische Ware

*Einer der schönsten unter den bunten Märkten Teneriffas ist sicher der **Mercado Nuestra Señora de Africa** in der Hauptstadt Santa Cruz (siehe S. 32). Ihm stehen jedoch die typischen Bauernmärkte in nichts nach, speziell der von Candelaria (Mi 14-21, Sa u. So 9-17 Uhr). Vor allem samstags und sonntags sollte ein Ausflug eingeplant werden nach **Tegueste**, **Tacoronte**, **Adeje**, **San Isidro** und **Santiago del Teide** (8-14 Uhr) oder **La Matanza** (9-15 Uhr).*

Matten, „Flaschenkleider" und Hüte aus Ruten, Binsen und Palmenblättern. Gegenstände aus Holz sind beliebt, angefangen vom Rührlöffel und Wellholz bis zur Timple, der kleinen kanarischen, wohlklingenden Gitarre. Auch das Lederhandwerk hat sein Angebot erweitert, bietet zu günstigen Preisen elegante Taschen, Gürtel, Etuis und Koffer. In den vielen Boutiquen der Urlaubszentren gibt es fast alle Marken der Welt, Kleider und Kostüme von Dior bis solche aus einheimischer Produktion. Einheimisch sind auf jeden Fall die bunten Trachten der Tinerfeños, und auch manch fesches Dirndl findet Gefallen. Vor allem Mädchen stehen mit großen Augen vor niedlichen Röcken und Blusen. Andere ziehen moderne Kleidchen vor, finden in speziellen Geschäften verspielte Outfits.

Bunte Kleidung für Groß und Klein ist sehr beliebt auf der Insel

Gofio und Mojo picante

Die kanarische Küche hat manche Köstlichkeit zu bieten, mit der sich auch der heimische Speisezettel bereichern lässt (siehe S. 11). Gut verschweißt, kann man es schon wagen, ein großes Stück Käse im Handgepäck nach Hause zu fliegen. Weniger kompliziert ist es, ein Kilo Gofio, das geröstete, aromatische Weizen- oder Maismehl, einzupacken – ein fantastisches Würzmittel für Suppen und Soßen. Die guten kanarischen Kartoffeln, wenigstens ein Kilo der kleinen, dunklen „Bonito", das wäre eine schöne Urlaubserinnerung. Dazu ein Glas Mojo, die scharfe, rote oder grüne Soße. Und für Kinder wären Süßigkeiten auf der Basis von Mandeln und Honig für ein paar Tage ein fantastisches Betthupferl.

Kinderkleidung, fesch oder verspielt

Teneriffas Urlaubszentren haben tolle Shopping-Meilen, auch für Kinder ein echtes Urlaubsereignis. Ein paar Tipps für Kinderkleidung: In Puerto de la Cruz **Agencia de Azafatas Sasha Modelos** *(Barranco San Felipe 5),* **Amigitos** *(Calle Cologan 6) und* **Bebe-Lys** *(Calle Nieves Ravelo 2); in Santa Cruz* **Beatriz Caules Justin** *(Avenida del General Mola 116) und* **Antonio Rodriguez Rodriguez** *(Calle Juan Garcia Alvarez 33) und in Los Cristianos* **Baby-Boom** *(Avenida de Suecia 23).*

Festkalender

Die meisten fiestas auf Teneriffa sind religiöser Art, man sollte sich entsprechend zurückhaltend benehmen. Erkundigen Sie sich rechtzeitig nach den Terminen, sie werden manchmal um Tage, sogar um eine Woche verschoben. Bei Patronatsfesten haben Gäste der Insel die Chance, die vor allem in kleineren Orten meist geschlossenen Kirchen auch von innen zu besichtigen.

Januar/Februar:
Musik und Masken

Das Jahr beginnt in Santa Cruz seit 1985 klassisch mit dem **Festival de Música de Canarias**. Von Anfang Januar bis Anfang Februar finden täglich Konzerte mit berühmten Orchestern aus aller Welt statt. Ein Fest von besonderer Fröhlichkeit sind die zwei Wochen **Carnaval**, das „größte Tanzfest der Welt" (Guinness-Buch der Rekorde). In Santa Cruz, Zentrum des Karnevals auf Teneriffa, werden zu diesem Ereignis Besucher aus aller Welt erwartet (siehe Kasten). Die brasilianisch anmutenden Comparsas tanzen zu Samba- und Rumbaklängen durch die Straßen, die Straßenmusikkapellen, Murgas genannt, trompeten und singen Spottlieder über Politiker und die Gesellschaft, Musikanten und Sänger der Rondallas unterhalten mit fröhlichen Zarzuela-Liedern, Habaneras und melancholischen Malagueñas.

März/April:
Semana Santa, die Karwoche

Mit mehr Andacht und wahrer Frömmigkeit wird die **Karwoche**, die Semana San-

Ganz schön verrückt
*Mittwoch vor dem Karnevalssonntag: Wahl der Karnevalskönigin.
Karnevals-Dienstag: farbenprächtiger großer Umzug, vergleichbar mit dem Karneval in Rio.
Aschermittwoch: die „Sardine" wird verbrannt – Männer und Frauen folgen dem Pappmascheefisch als trauernde Witwen verkleidet.
Danach: In La Orotava und Puerto de la Cruz feiert man noch tagelang weiter.
Zwei Wochen später: Karneval in Los Cristianos.
Mehr Informationen unter www.carnavaltenerife.com.*

Auf den Kanaren wird ein ganz schön verrückter Karneval gefeiert

Bunte Blumenteppiche zieren zu Fronleichnam besonders La Orotava

ta, auf Teneriffa begangen. Wenn bei der Besichtigung der Kirchen in einigen Nischen Heiligenfiguren fehlen, werden sie gerade für die Prozessionen vorbereitet. Diese beginnen bereits am Palmsonntag, Höhepunkte sind die Prozessionen am Karfreitag. Die berühmtesten Veranstaltungen finden dann in La Laguna statt.

Über den Ablauf der Festivitäten informieren die Inselzeitungen und das an Kirchenportale geheftete „Programa de Cultos y Procesiónes".

Mai/Juni: Fronleichnam

Die wichtigsten Fronleichnamsumzüge auf Teneriffa finden in La Laguna, Tacoronte und La Orotava (siehe Tour 4, S. 50) statt. La Orotava hat seinen eigenen Terminkalender gemacht und feiert sein Corpus Cristi eine Woche nach dem kalendarischen **Fronleichnam**. Schon einen Monat vorher beginnen die Künstler, auf dem Vorplatz des Rathauses einen kunstvollen Teppich aus den vielen Erdfarben der Insel zu gestalten. Das

monumentale „Gemälde" wird mit Sand und zerbröselter Erde auf die Steinplatten des Rathausplatzes gestreut.
Am Morgen des Corpus Cristi schmücken die Einwohner von La Orotava auch noch die Gassen rund um die Kathedrale mit Blumenteppichen. Alle Blumen der Insel müssen Farbe bekennen, die kleinen Blätter der Baumheide werden unterschiedlich stark geröstet, damit der Untergrund in allen Abstufungen von Schwarz bis Grau gestaltet werden kann. Nach Sonnenuntergang wallt der feierliche Prozessionszug langsam durch die Straßen, über den Vorplatz der Kirche bis zum Platz des Palacio Municipal. Am Ende der Feier weisen dann nur noch Spuren auf die Blumenteppiche und das erdfarbene Fresko hin.

Juli/August:
Schutzpatronin der Kanaren
Am 15. August strömt die Bevölkerung der Insel nach **Candelaria**, manche Wallfahrer gehen sogar weite Strecken zu Fuß (siehe Tour 7, S. 68). Dort wird die Schutzpatronin der Insel gefeiert, die sogar schon von den Guanchen verehrt worden sein soll. Am 25. August, dem Namenstag von San Bartolomé, wird in Buenavista del Norte die „**Segnung der Tiere**" feierlich begangen (siehe Tour 5, S. 56).

September/Oktober:
Am 8. September findet das Fest zu Ehren der **Señora de los Remedios** in Tegueste statt, am 21. wird der **Santisimo Cristo** in Tacoronte mit einer großen Feier geehrt. Am 24. Oktober ist in Buenavista del Norte die **Señora de los Remedios** mit einer großen Feier an der Reihe.

November/Dezember:
Heiligabend wird mit Christmetten in vielen Kirchen der Insel begangen, auch an den folgenden Tagen.
Am 25. November feiert Taganana das Patronatsfest für **Santa Catalina.**
Viel Feuerwerk und Jubel gibt es — wie wohl überall auf der Welt — auch auf der ganzen Insel am **Dia de San Silvestre**, am 31. Dezember, Silvester. Und am Neujahrstag wird ausgeschlafen.

Gesetzliche Feiertage
1. Jan.: Neujahr (Año Nuevo)
6. Jan.: Dreikönigstag
(Los Reyes Magos)
19. März: Josefstag (San José)
März/April: Karfreitag
(Viernes Santo)
1. Mai: Tag der Arbeit
(Día del Trabajo)
30. Mai: Tag der Kanarischen Inseln
(Día de las Islas Canarias)
Mai/Juni: Fronleichnam
(Corpus Cristi)
25. Juli: Sankt-Jakobs-Tag
(Santiago Apóstol)
15. Aug.: Mariä Himmelfahrt
(Asunción)
12. Okt.: Entdeckung Amerikas
(Día de la Hispanidad)
1. Nov.: Allerheiligen
(Todos los Santos)
6. Dez.: Tag der Verfassung
(Día de la Constitución)
8. Dez.: Mariä Empfängnis
(Inmaculada Concepción)
25. Dez.: Weihnachten
(Navidad)

Flora & Fauna

Der topografische Aufbau Teneriffas, zusammen mit Meeresströmungen und Winden, ließ im nördlichen Teil eine Vegetation entstehen, die in ihrer Vielseitigkeit auf solch kleinem Raum nicht zu übertreffen ist. Schon der Weltreisende und Forscher Alexander von Humboldt machte bei seinem Teneriffabesuch im Jahre 1799 die Beobachtung, dass einige Pflanzen nur in bestimmten Höhenstufen gedeihen. Die verschiedenen Vegetationszonen auf Teneriffa sind auch für den botanisch nicht versierten Urlauber leicht zu erkennen. Im unteren Bereich fallen die Sukkulenten auf, vorwiegend Wolfsmilchgewächse wie die Säulen-Euphorbie. Bei den Einheimischen heißt sie Cardón. Sie wird oft mit Kakteen verwechselt, doch ihr Saft ist weiß. Weit verbreitet in der Sukkulentenformation ist auch die Balsam-Wolfsmilch, kanarisch Tabaiba dulce, und das Aeonium mit einer Pyramide gelber Blütensterne. Dieses Dickblattgewächs ist auch als Hauswurz bekannt. Außerdem gedeiht in der unteren Zone die Opuntie (Feigenkaktee), der prägende Drachenbaum (siehe S. 52) und die Kanarische Dattelpalme.

Lorbeerwald und Baumerika

Ab etwa 500 Metern vermischt sich die unterste Zone mit dem Lorbeerwald (Laurisilva), der dann ab 1.000 Metern übergeht in die Fayal-Brezal-Formation mit dem Gagelbaum (span. Faya) und der Baumheide (span. Brezo). Damit sind wir mitten im Bereich der Kanarenkiefer, dem Wolkenmelker, an dessen langen

Discovery-Tour im Loro Parque

Wer die Glanzpunkte des Loro-Parks in Puerto de la Cruz (siehe S. 91) nicht einen ganzen Tag lang erleben, sondern zuerst einmal eine Schnuppertour machen will, braucht dafür nur knapp zwei Stunden. Viele Besonderheiten werden vorgestellt, wie z.B. der größte Kühlschrank der Welt (hier leben Pinguine das ganze Jahr über in Schnee und Eis), die Wirkungsweise der gigantischen Filteranlagen, mit denen die Wasserbecken und Aquarien betrieben werden, wie Orcas Zähne putzen und schlafen, das Lächeln der Delfine und vieles mehr.

Discovery-Tour im Loro Parque: *Puerto de la Cruz, Tel. 922 37 38 41, www.loroparque. com, ab 8.30 Uhr reservieren, Erw. € 9, Kinder 3-11 J. € 6.*

Nadeln die Passatwolken kondensieren, was das Trinkwasser für die Insel sichert (900-1.500 Meter).

Auf der unteren Hochgebirgsformation (2.000-2.700 Meter) blüht der endemische Teideginster, die Teide-Besenrauke, auch als Retama bekannt, und die Klebrige Drüsenfrucht, einheimisch Codeso. Die oberste Hochgebirgsformaton (ab 2.700 Meter) birgt ein kleines Wunder: Hier blüht bis vielleicht 50 Meter unter dem Teide-Gipfel das liebliche, schelmisch unter den Lavaplatten hervorblinzelnde Teide-Veilchen.

Hunde und Mufflons

Auf Teneriffa leben keine gefährlichen Tiere – also weder giftige Schlangen noch Skorpione und auch keine Raubkatzen, wie sie gegenüber auf dem afrikanischen Kontinent heimisch sind. Die wild lebenden Katzen und Hunde (überwiegend Podengos) in den Cañadas sind sehr scheu, sie fliehen vor Menschen. Oben in den Felsen klettern einige Mufflons herum. Diese inselfremden Wildschafe wurden dort angesiedelt, vermehrten sich ohne natürliche Feinde zu schnell und sind daher zur Jagd freigege-

Die farbenprächtige Tajinaste (siehe Kasten) ist ein Symbol von Teneriffa

Botanikerfreuden

Der Höhepunkt für Pflanzenfreunde ist, wenn der Rote Teide-Natternkopf blüht. Das Gewächs, auf der Insel als „Stolz Teneriffas" bekannt, wird von den Einheimischen auch Arrebol (Morgenröte) genannt. Tajinaste ist ein anderer gebräuchlicher Name. Die endemische Pflanze, einem Fuchsschwanz ähnlich, wird wissenschaftlich mit Echium wildpretii bezeichnet, zu Ehren von Urgroßvater Wildpret, der den Botanischen Garten in La Orotava gestaltete. Die Blütezeit beginnt Ende Mai/Anfang Juni. An den Wanderwegen der Cañadas findet man den Natternkopf in stattlicher Größe, manche übermannshoch (zwei Meter). Achtung: Wer eine Tajinaste pflückt, wird von den Parkwächtern geschnappt.

ben. Zu den Vertretern der Kleinsäugetiere gehören die scheuen Wildkaninchen, die der Urlauber eher als Spezialität der kanarischen Küche kennenlernt. Für den conejo – das bei Besuchern wie Einheimischen beliebte Gericht – müssen für die Monate der Schonzeit Kaninchen gezüchtet oder importiert werden.

Zilpzalp, Blaumeise, Falke

Wer sich für die Vogelwelt interessiert, hat gute Aussichten, auf seine Kosten zu kommen, vor allem oben in den Cañadas: Felsentaube, Turmfalke, Rebhuhn, Mauersegler, Pieper, Brillengrasmücke, Zilpzalp, Würger und Kolkrabe sind vertreten. In den Kiefernwäldern, besonders an Wasserstellen in den Picknickzonen der Tinerfeños, zwitschern Blaumeise und Rotkehlchen, auch der Blaue Buchfink fällt auf. Buntspechte, Sperber und Bussarde sind gelegentlich zu sehen.

Geschichte

Die Guanchen kommen

Vor rund 5.000 bis 3.000 Jahren erreichen nach einer unbewiesenen Theorie verschiedene Stämme aus Europa und dem Mittelmeerraum die Inseln. Einer der Stämme, die Gabelguanxeris, besiedelt Teneriffa und La Palma (daher angeblich der Name Guanchen). Nach Plinius d. Ä. hat es im ersten Jahrhundert eine erste Expedition des mauretanischen Königs Juba II. auf die Kanarischen Inseln La Palma und El Hierro gegeben. Der König, in Rom erzogen, überlässt den Römern die Herrschaft über Mauretanien und damit über die entdeckten Kanaren. Im sechsten bis zum neunten Jahrhundert erleben die Kanaren weitere Einwanderungen aus Afrika. 1312 landet Lancelot Malocello, vom Wind abgetrieben, auf dem heutigen, nach ihm benannten Lanzarote und bleibt dort bis 1330. Erst nach seiner Rückkehr wird die Existenz der Kanaren in Europa bekannt, und es beginnen Beutezüge. Der portugiesische König Alfons I. gibt 1340 bis 1342 den Auftrag, den Archipel zu kartografieren. Portugiesen, Spanier und Genueser versklaven Guanchen, rauben Vieh und Getreide, „Handelsfahrten" nennen sie das.

Päpstliche Ansprüche

Papst Clemens VI. erhebt 1342 Anspruch auf das Bistum El Teide. 1344 kauft der Kastilier Don Luis de la Cerda vom Papst gegen Gold das Recht, als König über die Kanaren herrschen zu dürfen. Die Feinde Kastiliens protestieren, es entsteht ein gewisser Freiraum der Mächte. Als Folge

Wer war Namensgeber?

Die bisherige Deutung des Namens Kanarien war, dass die ersten Besucher angeblich große Hunde (lat. cane) auf der Insel gesehen hätten. Nun kommt eine neue Theorie auf: 40 n. Chr. besiegten die Römer Mauretanien. Doch ein Volksstamm mit dem libyschen Namen „knr" (ohne Vokale geschrieben) meuterte weiter. Den Namen der Aufsässigen konnten die Römer nicht aussprechen und machten daraus „canar". Schließlich wurde der Stamm auf die westlich von Mauretanien liegenden Inseln deportiert und Rom nannte die Inseln mit den knr-Menschen „Canarii".

rauben Piraten die Inseln aus, verschleppen die Einwohner als Sklaven. Der Normanne Jean de Béthencourt schließt 1402 einen Friedenspakt mit Lanzarote und erobert Fuerteventura und Hierro im Auftrag Heinrich III. von Kastilien. Der Freibeuter Peraza übernimmt La Gomera. Pedro de Vera startet 1478 im Auftrag der kastilischen Krone, um Gran Canaria zu bezwingen. Erst nach fünf Jahren erbitterter Kämpfe ergeben sich die Einwohner von Gran Canaria der Übermacht. Es folgt 1493 die Besiegung La Palmas durch Alonso Fernández de Lugo, der 1494 auch auf Teneriffa landet. Hier wird er am 31. Mai von den Guanchen in einen Hinterhalt gelockt: In der Schlacht von La Matanza erleidet er seine größte Niederlage.

Teneriffa unter den Menceyes

Doch die Guanchen schwächen sich durch interne Streitereien. Im Norden vereinigt sich Benitomo von Taoro (heute Valle de la Orotava) mit den Menceyes (Könige) von Anaga, Tegueste und Tacoronte sowie dem Fürsten von Punta del Hidalgo. Im Süden schließen sich die Königreiche Adeja, Abona und Güímar zusammen. Die Menceyes von Daute und Icod bleiben neutral. Nachdem sich die Spanier mit den südlichen Menceyes verbündet haben, gelingt ihnen 1495 ein entscheidender Sieg über Teneriffa, am 25. Dezember bei La Victoria. Die geschwächten Guanchen treten den Rückzug an. Und 1496 kapitulieren die Guanchen endgültig bei Los Realejos, der gesamte Archipel wird der Herrschergewalt der spanischen Krone unterstellt. De Lugo gründet La Laguna, Teneriffas erste Hauptstadt.

Sklavenhandel

Trotz Einspruch der katholischen Könige Kastiliens werden seit 1500 auf den Inseln Sklaven aus Afrika für den Anbau von Zuckerrohr geholt. Nach dem Zuckerrohr wird der Malvasierwein wichtigstes Handelsgut. 1657 versucht der englische Admiral Blake vergeblich, mit 36 Schiffen Santa Cruz zu erobern. Auch 1706 scheitert ein ähnlicher Versuch von Admiral Jennings im Auftrag des britischen Königshauses.
Die Verwaltung wird 1723 von La Laguna in die neue Hauptstadt Santa Cruz de Tenerife verlegt, 1778 erhält die Stadt als einziger spanischer Hafen das Privileg, mit Amerika Handel zu treiben. La Laguna wird 1792 quasi mit der ersten Universität „getröstet".

Nelson und Humboldt

Admiral Nelson muss 1797 nach seinem misslungenen Angriff auf Santa Cruz die Schlacht verloren geben. Er verliert im Kampf seinen rechten Arm. 1798 macht Alexander von Humboldt auf der Reise nach Südamerika für fünf Tage Stopp auf Teneriffa und entwickelt dabei die Gesetze der Geobotanik. 1822 wird Santa Cruz de Tenerife Hauptstadt des Kanarischen Archipels und, ganz wichtig für den wirtschaftlichen Aufschwung, 1872 Freihafen. Inzwischen wird 1830 die Koschenille, der rote Farbstoff aus einer Schildlausart, wichtigstes Handelsprodukt, und 1872 folgt die exportorientierte Bananenproduktion. Die Kanarischen Inseln werden 1927 in zwei Provinzen aufgeteilt: Westprovinz Teneriffa mit La Palma, La Gomera und El Hierro, Hauptstadt Santa Cruz de Tenerife; Ostprovinz mit Gran Canaria, Lanzarote und Fuerteventura. Generalísimo Franco versammelt 1936 auf Teneriffa seine Anhänger und plant den Militärputsch gegen die Regierung in Madrid, womit er den Beginn des Spanischen Bürgerkrieges einläutet.

Tourismus und Naturschutz

1957 entwickelt sich mit den ersten Charterflügen und zwölf Hotels in Puerto de la Cruz der Tourismus zur wichtigsten Einnahmequelle. 15 Jahre später beginnt im Süden der Bauboom. Nach Francos Tod 1975 wird Juan Carlos I. zum König proklamiert, der am 7. Dezember 1978 eine neue demokratische Verfassung vom Volk absegnen lässt. 1982 werden die Kanaren autonom. Erst 1992 werden die Kanarischen Inseln voll in die EU integriert, jedoch bleiben die alten Zollbestimmungen bestehen.

Sport

Golf

Teneriffa ist zur Golfinsel herangewachsen: neun Plätze verteilen sich über die Insel, die meisten in landschaftlich bezaubernder Lage.

Im Norden:
Buenavista Golf, Buenavista del Norte, Playa la Arena s/n, Tel. 922 12 90 34, www.buenavistagolf.es: 18 Loch, Golfschule.

Real Club de Golf de Tenerife, Tacoronte/El Peñon, Calle Campo de Golf 1, Tel. 922 63 66 07, www.realgolfde tenerife.com: 18 Loch, Golfschule.

Golf La Rosaleda, Puerto de la Cruz, Camino Carrasco 3, Tel. 922 37 30 00: 9 Loch.

Im Süden:
Abama Golf, Guia de Isora, Carretera General km 9, Tel. 922 12 63 00, www.abamarhotelresort.com: 18 Loch.

Golf del Sur, San Miguel de Abona, Avenida Galván Bello s/n (hinter Los Abrigos), Tel. 922 73 81 70, www.golf delsur.es: 27 Loch, Golfschule.

Amarilla Golf & Country Club, San Miguel de Abona, Urb. Amarilla Golf s/n (Nähe Las Galletas), Tel. 922 73 03 19, www.amarillagolf.es: 18 Loch, Golfschule.

Golf Los Palos, Las Galletas km 7, Carretera Guaza s/n, Tel. 922 73 00 80, www.golflospalos.com: 9 Loch, Golfschule.

Golf Las Americas, Arona, Playa de Las Americas, Tel. 922 75 20 05, www.golf-tenerife.com: 18 Loch, Golfschule.

Golf Costa Adeje, Adeje, Finca Los Olivos s/n (bei Las Caletas), Tel. 922 73 03 19, www.golfcostaadeje.com: 27 Loch, Golfschule.

Tauchen

Besonders eignet sich der Süden für Taucher. Eine bewährte Adresse (deutsche Leitung) ist der Barakuda Club an der Playa Paraiso (www.teneriffa-tauchen.de), eine andere die Escuela Nautica de Puerto Colon mit dem Diving Center an der Costa Adeje (www.divetravelsub.com).

Stört die Wale und Delfine nicht!

Es ist Mode geworden, im Süden Teneriffas Wale und Delfine bei ihren Spielen zu beobachten. Das Angebot an Booten ist riesig. Doch viele Kapitäne stören das Familienleben der Tiere, verfolgen sie mit lautem Motor. Dabei gilt: Leise sein und 60 Meter Abstand ist die Bedingung, nicht schwimmen, nicht füttern. Aber die Kontrolle versagt. Zwei Schiffe, die im Puerto Colon liegen, haben einen guten Ruf: das Segelschiff **Shogun** und der Katamaran **Freebird One**.

Windsurfen und Kiten

Eine der windigsten Küsten auf Teneriffa ist die von El Medano im Südosten. Dort befindet sich das Surf Center Playa Sur (www.surfcenter.el-medano.com).

Mountainbiking

Leihräder gibt es in vielen Hotels. Touren von Playa de las Americas aus in die Berge bieten Diga Sports (www.diga-sports.de).

Reiten

Reitunterricht, Ausflüge und Reittherapie bietet das Centro Hipico del Sur in Buzanada bei Arona (www.centrohipicodelsur.com) und im oberen Orotava-Tal die Finca Verde (deutsche Leitung, www.fincaverde.com).

Wandern

Bewährte Adressen für professionelle Wanderführungen sind u.a. in Puerto de la Cruz Gregorio & Family (www.wanderfamily-gregorio.eu) und in Los Realejos Christianes Wandertouren (www.tenerifatouren.com).

Go-Kart

Richtig Gas geben können große und kleine Urlauber auf der folgenden Piste: Karting Club Tenerife, Carretera del Chio, Autopista del Sur, km 66 (Arona), Tel. 922 73 07 03, Abholung im Hotel möglich. Internationale Strecke für Personen über 16 Jahre und Strecke für Kinder ab sechs Jahre, auch Biplaza-Cart (1 Erw. und 1 Kind). Mit Cafeteria und Zuschauerterrasse.

Sport in atemberaubender Landschaft bietet der Golfclub Buenavista

Verlag: COMPANIONS GmbH,
Rödingsmarkt 9, 20459 Hamburg,
Tel. 040-306 04-600,
Fax 040-306 04-690,
E-Mail: info@companions.de,
Internet: www.companions.de

Autor: Gottfried Aigner

Lektorat und Schlussredaktion:
Anne Sauer

Schlusskorrektur:
Diana Wagner

Titelgestaltung und Layout:
Cornelia Prott

Druck und Bindung:
DZA Druckerei zu Altenburg GmbH

Bildnachweis:
alle Bilder von Gottfried Aigner, außer:
Nana Claudia Nenzel: S. 4,
webtenerife.de: S.2, 8, 11, 51, 53, 71, 72,
86, 91, 93, 117, 118, 121, 128
gce-agency.com : S. 6, 90, 100, 125
Sven-Richter/pixelio.de: S. 54

Titelfoto:
Andres Rodriguez/Fotolia.com

Karte: Karthographiebüro Jochen Fischer

Der Autor dankt seiner Frau und Kollegin Nana Claudia Nenzel für die hervorragende Organisation und ihre effiziente Beratung und Mitarbeit.

ISBN: 978-3-89740-645-2